H.ST.

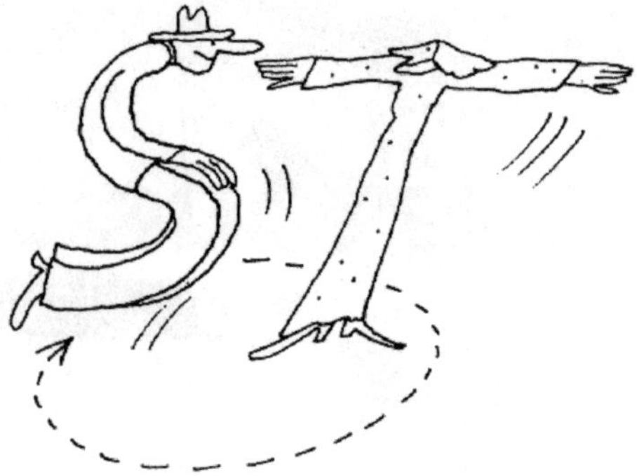

Hansgeorg Stengel

Wortadella

*

Allerhand Sprachwursteleien

Eulenspiegel Verlag

Mit Illustrationen von
Rolf F. Müller

Inhaltsverzeichnis

Vorwort

Das Vorwort zu einem Buch, in dessen Titel *WORTADELLA* das Wort *WORT* einbezogen ist, verführt zu ein paar wortphilosophischen Anmerkungen. Mit dem Wort hat kaum irgend jemand Schwierigkeiten. Beim Plural (Mehrzahl) freilich scheiden sich die Geister. *WORTE* oder *WÖRTER*? Ich habe noch keinen Menschen getroffen, der seine Verblüffung so artikulierte: »Da fehlen mir die Wörter!« Auch hörte ich nach dem Vortrag des Referenten E. Loquenz keinen Zuschauer jubeln: »Das waren fürwahr goldene Wörter!« Damit ist gesagt: Worte werden fast immer als Worte bezeichnet. Bei den Wörtern indes sieht es weniger günstig aus. Falsch sind aber Eigenschaftsworte, Lieblingsworte, Hilfszeitworte, ein Satz aus fünf Worten, Schimpfworte, Fremdworte. Summa summarum: *WÖRTER* sind eine beliebige Anzahl einzelner Wörter, *WORTE* dagegen eine knappe oder längere oder lange Aussage, eine Ansprache, eine Predigt, ein Kommentar, ein Plädoyer, ein Bonmot und so weiter. Vorwörter jedenfalls gibt es nicht.

Aber nun das Vorwort. Vor hundert Jahren erregte Gustav Wustmann (1844-1910), Zeitgenosse und Verehrer Konrad Dudens (1829-1911), mit »Allerhand Sprachdummheiten« (Untertitel: »Kleine deutsche Grammatik des Zweifelhaften, des Falschen und des Häßlichen«) landweit Aufsehen. In Wustmanns Vorwort fand ich den Satz: »Wir leben in einer

Zeit der ärgsten Sprachverwilderung.« Wustmann ahnte nicht, daß es noch ärger kommen könnte.
Die meisten der seit dem Spätherbst 1991 allsonnabendlich in der »Ostthüringer Zeitung« (OTZ) erschienenen WORTADELLA-Beiträge sind in diesem Buch enthalten. Wenn in zwei oder mehr Glossen dasselbe Thema erörtert worden war, wurden Dubletten und Drillinge nicht in jedem Fall zusammengefaßt oder getilgt, weil eine *WORTADELLA* manchmal aufs allgemeine zielte, mitunter aber auch auf einen konkreten Sprachunfall bezogen war.
Noch einmal Wustmann zu seinem Sprachdummheiten-Brevier: »Ich will nicht verschweigen, daß die Wirkung dieses Buches oder einzelner Kapitel daraus bei vielen Lesern folgenden Verlauf genommen hat: Verblüffung – Entrüstung – heftiger Widerspruch – Trotz (nun gerade nicht!) – eigne Beobachtung – widerwillige Zustimmung – rührende Folgsamkeit.« Das heißt mich hoffen.

Ihr Wustmann-Epigone Hansgeorg Stengel

Erstes Kapitel

KURIOSITÄTENKABINETT

Verdorben

Alle Sprachen der Welt sind nicht nur falschbildungsgefährdet, sondern gewiß auch reich an Kuriositäten. Es gibt im Deutschen eine Menge paradoxer (scheinbar widersprüchlicher) Wörter und Wendungen. Was ist beispielsweise von »Nein doch!« zu halten? Man könnte fragen: »Wie denn nun? Nein oder doch?« Aber nein doch? Noch so eine verbale Merkwürdigkeit: bösartig. Bös und artig – wie geht das zusammen? Weiter: »selten dumm« – ist der so beurteilte Mensch nun »nicht oft dumm« oder »außergewöhnlich dumm«? Schließlich: »Viele Köche verderben den Brei!« Soll das bedeuten a) Manche Köche verderben den Brei oder b) eine zu große Menge von Köchen verdirbt den Brei? Ein Glück, daß wir Deutschen immer fühlen, was gemeint ist und wie etwas gemeint ist.

Ateljehtnichmehr

Die Kunstmaler, die Fotografen, die Couturiers, alle die feinen Leute eben, die sich in höheren ästhetischen Sphären wähnen, haben für sich das Wort Atelier beschlagnahmt. Wenn es aber, so frage ich mich bei dichterischem Höhenflug in meiner Schriftstellerwerkstatt, Malerateliers, Foto- und Modeateliers gibt, warum dann darf nicht auch ich auf das schöne Wort Atelier Anspruch erheben? Poetenatelier – das klänge dem Niveau meiner subtil-kreativen Tätigkeit fürwahr angemessen. Und die festangestellten Zeitungsleute?

Haben sie nicht ebenfalls Anspruch auf ein, sagen wir, ranghöheres Redaktionsatelier? Warum schlicht Tierkörperbeseitigungsanstalt, Geldfälscherwerkstatt und Kuhstall? Sollten wir uns nicht zum Tierkörperbeseitigungsatelier, zum Blütenatelier und zum Milchviehatelier emporranken? Atelier – das einzig wirklich vornehme Allzweckbeherbergungswort von der Wiege bis zur Bahre oder, besser: vom Kleinkindatelier bis zum Dahinfahratelier.

Reim und Bein

Vokabeln aus dem Reimlexikon: Reimerei, Reimschmied, Reimplantation, Reimport – stop! Wer wollte schon behaupten, es handele sich bei einer Reimplantation um die Verpflanzung poetischer Erzeugnisse eines Reimschmieds? Und wer könnte allen Ernstes vermuten, ein Reimport sei etwas Ähnliches wie ein Airport, nur eben nicht für Flug-, sondern für Gäste eines Literaturzirkels? Das Dilemma, welches wegen der üblichen Zusammenschreibung zusammengesetzter deutscher Wörter entsteht, liegt auf der Hand: Bei flüchtigem Lesen gerät man tatsächlich in die Versuchung, Reim-

Plantation statt Re-Implantation und Reim-Port statt Re-Import zu artikulieren. Immerhin wird vermutlich wenigstens beim zweiten Hingucken jeder Leser die optisch tückischen Vokabeln angemessen identifizieren. Aber nun richtet er den Blick auf gewisse Haltepunkte: aufs Mundhalten, Ohrensteifhalten, Händchenhalten, Beinhalten. Beinhalten? Diese alberne Kanzlei-Variante zu »enthalten« müßte endlich verboten werden, denn sie beinhaltet zwar ein irreführendes Bein, hat aber weder Hand noch Fuß.

Das Ei der Kommunen

Über Straßen-, Schul-, Platz-, Brücken-, Laubenkolonie- und Schiffsnamen läßt sich stunden-, genauer: tage- und wochenlang philosophieren. Ein besonderes Kapitel ist der Umgang mit tatsächlichen oder vermutlichen roten Socken. Rudolf Breitscheid, Rosa Luxemburg, Clara Zetkin und Wilhelm Pieck etwa wissen nicht nur ein Berliner Lied davon zu singen. Aber: Müssen es bei der Namensgebung in Neubaugebieten immer nur Namen von Persönlichkeiten, Tieren, Ortschaften, Pflanzen, Institutionen (Post, Bahnhof, Rathaus) sein? Mein revolutionärer Gedanke: Man entscheide sich für Namen z. B. aus dem Möbelbereich = Vitrinengasse, Auszieh-

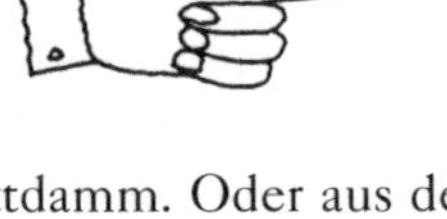

tischplatz, Doppelbettdamm. Oder aus dem Nahrungs- und Feinkostsektor = Zigeunerschnitzelsteig, Haferflockenplatz, Puddingpulverstraße, Currywurstallee. Oder man orientiere sich auf Gemütsbewegungen: Liebeskummerweg, Jähzornplatz, Katerstimmungsboulevard. Oder einfach auf Körperteile und innere Organe: Bauchspeicheldrüsengasse, Oberschenkelhalsallee, Schlüsselbeindamm, Zwölffingerdarm... jetzt schlägt's aber 13!

Unten ohne

Das passierte in Greiz: Ein Straßenabschnitt, der sich unter der Irchwitzer Straße anschließt, sollte nach dem Willen einiger Bürger Untere Irchwitzer Straße genannt werden. Dem Vorschlag wurde behördlich mit dem Argument widersprochen, daß es eine Untere Irchwitzer Straße nur geben könne, wenn, logisch, eine (nicht vorhandene) Obere Irchwitzer Straße existiere. In einem Leserbrief an die Ostthüringer Zeitung brachte ein Herr A. Becher respektlos seine Unterhose ins Spiel. Er machte sarkastisch darauf aufmerksam, daß die Unterhose zum deutschen Wortbestand gehöre, obwohl nirgendwo von Oberhosen die Rede sei. Sogar der Untertan

habe, so A. Becher, trotz Obertan-Defizits nachweisbare Existenzberechtigung. Die Liste von Beispielen, die dem Behördenanspruch zuwiderlaufen, kann ergänzt werden: Es gibt Offiziere und Unteroffiziere, aber keine Oberoffiziere, Nehmerqualitäten (z.B. bei Boxern) und Unternehmerqualitäten, aber keine Obernehmerqualitäten, es gibt Grund und Untergrund, aber keinen Obergrund, Haltung und Unterhaltung, aber keine Oberhaltung. Deshalb mein Votum: Her mit der Unteren Irchwitzer Straße!

Adliges

Man kann ja gegen Bismarck sagen, was man will. Aber wenn man schon Straße oder Platz nach dem eisernen Kanzler benennt, sollte man sich schlicht für Bismarckstraße oder Bismarckplatz entscheiden – es sei denn, ein zweiter berühmter Bismarck läßt Zweifel darüber aufkommen, um wen exakt es

sich bei unserer Taufprozedur handelt. Dann wäre vielleicht ein Otto hinzuzufügen. Indessen fände ich Fürst Otto von Bismarck-Straße (oder gar Fürst-Otto-von-Bismarck-Straße) albern. In Greiz hat man dem tapferen Wehrmachtsoffizier Oberst von Westernhagen ein Denkmal gesetzt. Der frühere Marienplatz heißt jetzt Westernhagenplatz. Gut so. Nur leider wird der Platz in Zeitungen und Prospekten oft als »von-Westernhagen-Platz« bezeichnet – ähnlich gestelzt wie jene Straße, die an den Greizer Danteforscher Friedrich Schneider erinnern soll: Professor-Dr.-Friedrich-Schneider-Straße. Da fällt mir ein, daß ein Frachtschiff der Deutschen Seereederei DSR (DDR) nicht schlicht Sigmund Jähn hieß, sondern »Fliegerkosmonaut der DDR Generalmajor Sigmund Jähn«. Fehlte nur noch ein Hinweis aufs Vogtland.

Selbst ist die Frau

Es liegt mir fern, mich ausgerechnet über komisch formulierte Todesanzeigen zu mokieren. (Sie wissen schon: »Mit ihm starb …« – wer eigentlich ist nun tatsächlich mit dem Dahingeschiedenen gemeinsam gestorben?) Aber die am 13. Oktober 1996 entschlafene Frau Hildegard Hempel war doch wohl eher eine Reichsbahninspektorin als ein »Reichsbahninspektor i. R.«. Gewiß, die verbale Feminisierung stößt oft an (scheinbare) Grenzen. Neulich fragte ich eine Hausbewohnerin, deren fremdländischer Akzent unüberhörbar ist, was für ein Landsmann ... hm, was für eine Landsmännin, also was für eine Landsfrau (sie stammte aus Armenien) sie sei. Aber in den meisten Fällen bieten sich ganz unproblematisch weibliche Bezeichnungen an: Ärztinnen, Schaffnerinnen, Anwältinnen, Soldatinnen, Ministerinnen, Kauffrauen. Noch nicht geklärt ist die Frage, ob ein weiblicher Zimmermann Zimmermännin heißen darf. »Zimmerfrau« jedenfalls weist in Richtung Maritim, Dorint und Steigenberger.

Selbstverfreilich

Es gibt Wörter, die es eigentlich nicht gibt, die es aber trotzdem gibt, weil es sie eben gibt. Da nenne ich erstens Hallöchen (von hallo), Tachchen (minimierter guter Tag) und sooochen (hört man, jedenfalls in Berlin, anstelle von »so«), zweitens die aufe Tür und das abbe Bein, drittens schließlich so kraus-kuriose Wortbildungen wie »noch und nöcher«, »ent- oder weder«, »ebent« und »selbstverfreilich«. Allen diesen Wörtern und Signalen ist gemeinsam das (jedenfalls mehrheitliche) Bewußtsein ihrer Absender, daß es sich um verbalen Schabernack handelt. Wer käme schon auf die Idee, etwa das abbe Bein für hochsprachlich seriös zu halten. Insofern sind mir alle aufgezählten Ulkwörter lieb und teuer. Nun aber: Ich beobachte seit Jahrzehnten, daß sich ein Wort, das nach meiner Vermutung irgendwann mal von Studenten oder Germanisten aus Jux artikuliert worden ist, in der deutschen Literatur- und Mediensprache angesiedelt hat: nichtsdestotrotz. Die Treuhänder dieser Lächerlichkeit haben offenkundig übersehen, daß »desto« zwingend einen Komparativ nach sich zieht (z. B. desto größer, desto länger, desto besser, desto dümmer usw.) In der Tat heißt das richtige Wort »nichtsdestoweniger«. Und jeder, der meint, ich sei vom Kleinlichkeits-Bazillus befallen, der mag nichtsdestoweniger mit diesem Vorurteil weiterleben. Selbstverfreilich nichtsdestotrotz.

Spitzfindelkinder

Haarspalterei ist der Feind vernünftigen Umgangs mit Sprache und Schrift. Ich erinnere mich an einen Eulenspiegel-Leserbriefschreiber, der sich über grammatische Fehler bei Liedtexten und Sprichwörtern aufregte: »Ich denke«, zürnte er, »hier an ›Ja, das Schreiben und das Lesen ist (anstatt richtig: sind) nie mein Fach gewesen‹.« Wollte man die grammatischen Bedenken dieses Philisters ernst nehmen, müßte man eine Menge Sprichwörter ungeachtet poetischer Substanzverluste gründlich renovieren. Zum Beispiel: »Hoffen und Harren machen manchen zum Narren!« – »Glück und Glas – wie leicht brechen diese, waaas?« – »Gleich und gleich, meine Damen und Herrn, gesellen sowie auch umarmen sich gern!« Oder gar: »Marmor, Stahl und Eisen brechen, aber meine Liebe ist nicht zu schwächen!« Schließen wir mit dem Sinnspruch: Die Krönung aller Hobby-Macken ist Krümel- und Korinthenkacken!

Gummijahre

Man muß es wieder und wieder hören oder lesen: »Lange Jahre war der Verstorbene hochgeschätzter Mitarbeiter unserer Firma!«, »Wir waren lange Jahre befreundet« oder »Ich habe an meinem Romanzyklus lange Jahre geschrieben«. Was sind eigentlich »lange Jahre«? Sind es nach erster Vermutung verlängerte Jahre, also Jahre mit 368, 414 oder 899 Tagen? Das kann doch wohl nicht sein. Alle Jahre sind 365 (oder in Schaltjahren 366) Tage lang, und insofern ist es töricht, von langen oder vielleicht demnächst auch von kurzen Jahren zu sprechen. Allerdings: Fürs Gefühl können Jahre sehr wohl lang oder kurz sein, doch jedenfalls nur dann, wenn man ihre Anzahl beim Namen nennt. So kann selbstverständlich der Häftling von »sieben langen Jahren« Gefangenschaft und der schnellebige Playboy von »zehn kurzen Sturm- und Drangjahren« sprechen. Fazit: Zeitlich nicht fixierte lange oder kurze Jahre gibt es nicht, wohl aber fünf, sechs, zehn, fünfzig oder siebzig lange (oder kurze) Jahre. Das walte der Affenzahn der Zeit.

Ganz und gar

Ich habe beobachtet, daß »ganz gut« weniger ist als »gut«, hingegen »ganz ausgezeichnet« mehr als »ausgezeichnet«. Daraus ist messerscharf zu schließen: Substantiell weniger wichtige Eigenschaftswörter werden durch »ganz« qualitativ vermindert, wogegen dem Sinn nach superlativische Adjektive bei Hinzufügung von »ganz« Wertsteigerung erfahren.

Warum das so ist, wissen die Götter oder vielleicht noch Wustmann. Fürs praktische Leben jedenfalls empfiehlt es sich, seinen Chef »ganz großartig« und den Partner »ganz entzückend« zu finden. Ein »ganz annehmbarer« Chef oder ein »ganz netter« Partner hingegen sind mit solchem Urteil bestimmt nicht zufrieden. Hier ist eben, wie so oft im Sprach- und Sprechleben, Gefühl, namentlich Formulierungsgefühl, ganz und gar alles.

Unterhaltungsniederlage

Früher bezeichnete man eine Niederlassung mit Vorzug als Niederlage. Für Komiker war dieses Wort ein ebenso gefundenes Fressen wie etwa der Bierverlag, von dem jeder vernünftige Mensch sowie Biertrinker wußte, daß es sich nicht um eine Institution handelte, die sich mit der Herstellung und Herausgabe populärer Hopfen-und-Malz-Literatur beschäftigte. Vermutlich kann uns kein Bierexperte zwischen Bierut und Biermingham erklären, warum Wortbildner des 19. Jahrhunderts für Filiale und Vertrieb als Alternative Niederlage und Verlag anboten. Aber grübeln wir nicht, sondern fragen wir uns lieber: Was eigentlich hat man an der Schwelle des dritten Jahrtausends unter Autobahnunterhaltung zu verstehen? Den mit Pop-Musik gewürzten Polizeifunk? Freiluftauftritte der Puhdys unter Autobahnbrücken? Helikopter-Loopings zur Aufheiterung stauverdrossener immobiler Automobilisten? Nun, es gibt eben immer wieder konservative Vokabuleure, die sich nicht dazu durchringen können, Autobahnunterhaltung aus dem Verkehr zu ziehen und grünes Licht zu geben für die Autobahninstandhaltung.

Gangarten

Auf meine, wie jedermann ohne weiteres zugeben wird, nicht unproblematische Frage: »Wie geht's?« reagierten lediglich fünf Prozent der von mir befragten Personen mit der vernünftigen, aber witzlosen Antwort: Danke gut! Zwölf Prozent demonstrierten Ansätze von Mutterwitz und kicherten: Man kann gar nicht genug klagen! 22 Prozent bedienten sich einer erstaunlich deftigen Portion spitzbübischer Komik und krähten: Es geht, wenn es nicht gefahren wird. Oder auch: Gestern ging's noch! 26 Prozent der Befragten formulierten augenzwinkernd: Gut, wenn man das Schlechte nicht rechnet! 30 Prozent gar schwangen sich zu dem Nonplusultra-Bonmot auf: Schlechten Leuten geht's immer gut! Die restlichen fünf Prozent hatten keine Meinung. Ein Lachdichtot-Orden außer Rand und Band sowie mit der Aufschrift: Ex originelliente Jux sollte allen Matterhörnern – um nicht Knallhörnern zu sagen – des volkstümlichen Gangart-Antworthumors verliehen werden. Selbstverständlich undotiert, denn die Ordenswürdenträger sind durch die Bank wohlhabend. Die meisten haben schließlich freimütig offenbart: Schlechten Leuten geht's … aber das hatten wir schon.

Langholz

Ich las neulich: Kausalbeziehung. Leider war die Vokabel so ungünstig abgeteilt, daß ich ratlos in eine Kau-Salbe-Ziehung geriet. Ziehung einer Kausalbe? Ziehung der Lottozahlen – so was hätte sich mir auf Anhieb erschlossen. Aber wie zieht man Kausalbe? Und was ist das überhaupt: Kausalbe?

Aus meiner Kindheit weiß ich noch, daß sich Blumentopferde bei listiger Betonung anhörte wie Blumento-Pferde. Und es stellen sich noch viele Fragen: Sind Walzwerkerzeugnisse a) Erzeugnisse eines Walzwerks oder b) Führungszeugnisse eines Walzwerkers? Ist eine Moderation a) Ansage oder b) eine

Ration Mode? Versteht man unter Staubecken a) einen Wasser-Sammelbehälter oder b) das Ärgernis der Raumpflegerinnen? Und schließlich: Sind Gasträume gastronomisch oder als Traumvisionen bei akuter Gasvergiftung zu interpretieren? Wir wissen seit dem Riesenschlangenwort Donaudampfschiffahrtsgesellschaftskapitän, daß Zusammenschreibung vieler einzelner Wörter ein deutsches Charakteristikum ist. Immerhin ein Salzkorn in verbaler Langeweile.

Was lernt uns das?

Ich erinnere mich gut, wie wir Eulenspiegler uns in den siebziger Jahren über die Zeitungsanzeige »Wer lernt mir ungarisch?« amüsierten, verriet doch diese Fehlformulierung über das Lernbegehren hinaus erschreckendes muttersprachliches Bildungsdefizit. »Meine Mutter hat mir das Essen mit Messer und Gabel gelernt ...«, »Was, Genossen, lernt uns der Falklandinselkonflikt?«, »Mir hat der fiese Kinsky das Fürchten gelernt!« Manchmal hat man den Eindruck, daß angesichts massenhafter Verwechslung von *Lehren* und *Lernen* der Lehrer allmählich vom Lerner verdrängt wird und der Lehrter zum Lernter Bahnhof avanciert. Aber sogar fest und treu unterscheidungswillige Bürger halten in großer Anzahl an dem Irrtum fest, das Lehren erzwinge den Dativ. Nun ist zwar *Wer lehrt mir ungarisch?* ein Molekül richtiger als *Wer lernt mir ungarisch?* – aber als stilistisch einwandfrei kann eben nur *Wer lehrt mich ungarisch*? gelten. Weil wir gerade über *mir-mich*-Verwechslung plaudern: Neulich

klagte mir eine Poliklinik-Ärztin, man habe sie gekündigt. Hoppla! *Kündigen* gehört, was seine verbale Beziehung zum Objekt betrifft, zu den sogenannten bikausalen Tätigkeitswörtern. Beispiel: »Der Geschäftsführer hat dem (Dativ) Buchhalter den (Akkusativ) Vertrag gekündigt!« Wegen dieser Belehrung (nicht: Belernung) hingegen sollte man dem Wortadellisten keineswegs die Freundschaft kündigen.

Außen-vor-Eigentor

Wenn ich, immer mal wieder, eine sprachlich offensichtliche Torheit lese oder höre, zögere ich, den Fehltritt anzuprangern, weil ich ihn für eine Eintagsfliege halte. Wörter und Wendungen wie »angedacht«, die »ganzen Leute« oder »außen vor« kommen mir wegen ihrer Schieflage und Häßlichkeit zu kurzlebig vor, um Aufhebens davon zu machen. Fast immer habe ich mich getäuscht. Aus der Feder einer Duisburger Autorin las ich Mitte Februar in einer auflagenstarken Berliner Zeitung: »Inwieweit jedoch die Medien selbst ein solcher Faktor sind, diese Frage blieb bisher eigentümlicherweise zumeist außen vor«. Was bleibt nicht alles – außer der hier zitierten Frage – »außen vor«: Themen, Diskussionen, Konflikte, aber auch Arbeitslose, Demonstranten, Diplomaten, Bauer, Bürger, Bettelmann. Früher blieben die außerhalb, abwesend oder schlicht draußen, und der Globus drehte sich trotzdem. Mein Ratschlag: Lassen wir *AUSSEN VOR* außen vor!

Schwer im Magen

Einen, der behauptet, er habe drei Gläser Bier getrunken, muß man sprachlich korrigieren. Wer dagegen drei Teller Linsen gelöffelt hat, ist nicht zu tadeln. Warum zweierlei Maß? Antwort: Unterscheiden sich Einzahl und Mehrzahl ei-

nes Gefäßes deutlich, benutzt man in der Regel die Einzahl als Maßeinheit: Zwei Glas (nicht Gläser) Wein, zehn Faß (nicht Fässer) Petroleum, 20 Sack (nicht Säcke) Zement. Sind dagegen Einzahl und Mehrzahl völlig oder fast identisch (Teller, Schüssel, Kanister usw.), kann, ja, muß man die Gefäß-Mehrzahl als Maßeinheit benutzen. Der Witz »Wie?

Du hast drei Teller gegessen? Da wirst du aber Sorgen haben mit der Verdauung!« kann aus jedermanns persönlichem Witz-Repertoire gestrichen werden. Die gegessenen Teller sind nämlich korrekt. Die angeblich getrunkenen Gläser

Bier, Wein oder Selters indes sind eine artistische Glanzleistung, die wir im »Guinness« vergebens suchen. Nebenbei bemerkt: Die Uhr (sowohl Zeitmaßeinheit als auch Chronometer) hat sprachlich noch niemanden scheitern lassen. Alle Leute formulieren brav »Wir treffen uns 17 Uhr« und nicht »17 Uhren«.

Kreistiere u. a.

Ich gebe zu: Die folgende Lektion ist etwas knifflig, aber ich versuche dennoch, meinen Unmut hinsichtlich des Umgangs mit zusammengesetzten Wörtern zu bekennen. Also: Roda Roda hat schon vor fünfundsiebzig Jahren in einer Humoreske darauf hingewiesen, daß es zwar Ärzte, Tierärzte, Kreistierärzte und Oberkreistierärzte gebe, Kreistiere hingegen nicht. Vereinfacht gesagt: Ein Kompositum aus drei oder vier einzelnen Wörtern läßt sich nicht willkürlich auf ein Zwei-

wort-Kompositum reduzieren. Und damit sind wir beim Warmwasserboiler. Bei Roda Roda angeknüpft: Selbstverständlich gibt es Boiler, Wasserboiler und Warmwasserboiler, aber Warmwasser gibt es nicht. Zugegeben: Das Kreistier ist grotesker als das Warmwasser, aber unzulässig sind die umgangssprachlich immer wieder benutzten Kombinationen Warmwasser, Heißwasser, Schlechtwetter, Schönwetter, Neukartoffeln und Frischfische allemal. Und das Kuriose: Die Liebhaber all dieser sprachlichen Verstümmelungen ahnen nicht einmal, daß es in Wahrheit nur warmes Wasser, heißes

Wasser, schlechtes und schönes Wetter, neue Kartoffeln und frische Fische gibt. Und natürlich zum Glück auch außer Wort, Adel und Listen Wortadellisten.

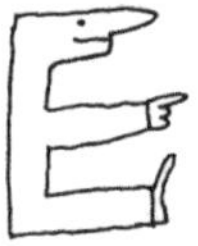

Ein weites Feld

Maßeinheitliche Prädikate sind u. a.: groß, hoch, weit, schwer, breit, lang, alt. Diese Prädikate sind unveränderlich – egal, ob die bezeichneten Dimensionen groß oder klein sind. Ein Hochspringer springt immer »hoch«, ob er nun zwei Meter schafft oder nur zwanzig Millimeter. Ein Riese ist wie ein Zwerg maßstäblich »groß«, ein Elefant zwanzig Zentner »schwer«, ein Brief gleichfalls »schwer«, wenn vielleicht auch nur dreißig Gramm. Mit anderen Worten: Es ist unsinnig, die Leistung eines mäßig weit werfenden Hammerwerfers mit »zwanzig Meter kurz« zu prädikatisieren. Auch der schwächste Hammerwerfer wirft allemal »weit«, ob nun mehr oder weniger »weit«. Seit Sportreporter- und Moderatorengedenken hört man nun anstelle von »fünfundzwanzig Jahre alt« die Version »Sie sind fünfundzwanzig Jahre jung«. Ich behaupte: In den Anfangsjahren ihres Gebrauchs konnte diese Redewendung noch als originell gelten. Die Inflationierung dieses Kompliments ist aber längst ärgerlich. Und das steht uns noch bevor: das siebzig Pfund leichte Mädchen, das fünf Meter niedrige Haus und womögliche Taillenenge gegen Taillenweite. Originalität um jeden Preis gerät zum Klischee. Das ist eine tausendjahrealte (oder tausendjahrejunge?) Volksweisheit.

Chefkritik

Man hat uns schon in der Schule gelehrt, daß natürliches und grammatisches Geschlecht nicht immer übereinstimmen. Weder tatsächliche, lebendige Wesen noch mythologische Kreaturen (Berge, Flüsse und Gestirne eingeschlossen) sind grammatisch geschlechtskorrekt. So und nicht anders ist es festgelegt: Der Harz, die Eifel, der Taunus, die Rhön, der Lech, die Donau, der Neckar, die Elbe, die Sonne, der Mond. Mächtige Tiere sind meist männlich: der Tiger, der Elefant, der Bär. Aber: die Hyäne. Warum der Käfer männlich, die Spinne jedoch weiblich ist, wissen weder Götter noch Entomologen. Wirklich verzwickt wird die Sache des

Umgangs mit dem grammatischen und dem natürlichen Geschlecht indessen, wenn beispielsweise ein Mädchen von einem Mannsbild fasziniert ist. Wir könnten dann (grammatisch korrekt) einen Satz wie diesen bilden. »Das Mädchen war verknallt in dieses Mannsbild. Es versuchte, es für sich zu gewinnen.« Mir ist freilich der Einsatz von Fürwörtern, die sich aufs natürliche Geschlecht beziehen, lieber. »Das Mädchen war verknallt in dieses Mannsbild. Sie versuchte, ihn für sich zu gewinnen!« Oder nehmen wir das vernichtende Urteil über einen (männlichen) Chef: »Diese impertinente Person! Sie ist mir ein Greuel!« Hier wäre mir »Er ist ein Greuel!« lieber. Aber sagen Sie's bitte nicht zu laut!

Eisleberfleck

Gibt es einen Jenenser Fußballer? Nein. Aber es gibt einen Jenaer Fußballer. Kann man sagen »Herr Otto Schulze ist ein Jenaer?« Nein. Richtig dagegen »Herr Otto Schulze ist Jenenser.« Es kommt darauf an, ob der Jenenser im Satz für sich allein steht oder ob ich ihm ein hauptwörtliches Attribut hinzufüge: der Jenaer Professor, der Jenaer Optiker, die Jenaer Tante, das Jenaer Planetarium. Man hat ja mitunter allerhand Hudelei mit Städtenamen. Die Bürger von Eisleben, verriet mir mein Freund Dr. Felix Ecke, sind nicht Eislebener, sondern Eisleber Bürger, obwohl mir beim Eisleber Bürgermeister immer ein Stadtoberhaupt mit vereister Leber in den Sinn kommt. Und: Ein Wittenberger Einwohner – siedelt er in Wittenberg oder in Wittenberge? Das Mittenwalder Rathaus – ist sein Standort in 82481 Mittenwald oder in 15749 Mittenwalde? Hier besteht dringender Klärungsbedarf. Der Bundestag sollte o. a. Problemen endlich eine Sondersitzung widmen. So wichtig wie die Verpackung des Berliner Reichstagsgebäudes ist die höchstoffizielle Festlegung von Städte-Flexionen mindestens.

N-Zyklika

Zusammengesetzte Wörter haben also bekanntlich ihre Tükken. Ich rede gar nicht mal von Karl Valentins tiefsinniger Reflexion über die Unterschiede zwischen Semmelknödeln und Semmelnknödeln. Auch die der Margarethe Schreinemakers vom »Berliner Kurier« zur Weihnachtszeit angedichtete koniferische Kiefernentzündung und die Merkwürdigkeit des Dreierhops Hals-Nasen-Ohren-Arzt (wäre nicht Hals-Nase-Ohr-Arzt oder Hälse-Nasen-Ohren-Arzt logischer?) sollen als Kuriositätenkabinettstücke nicht Gegenstand dieser Betrachtung sein. Mir geht es vielmehr um die Klärung der weltbewegenden Frage: »Speisekarte oder Speisenkarte?« Meine These: Es heißt richtig *SPEISEKARTE*, weil das Argument der Speisenkarte-Befürworter, es stünden schließlich mehrere Speisen auf einer Speisenkarte, nur scheinbar stichhaltig ist. *SPEISE* ist bei unserem gastronomischen Bezug als Sammelbegriff zu verstehen, und schließlich spricht auch keiner von Speisenwagen, Speisenkammern und Speisenröhren, sondern von n-freier Speise, wenn es um zusammengesetzte Wörter geht. Übrigens hieß es, wie ich mich erinnere, in meiner Jugendzeit korrekt *MODESCHAU*. Heutzutage ist durchweg von Modenschauen die Rede. Aber was soll man schon machen gegen so ein Modewort. Oder Modenwort?

Kein – keiner – am keinsten

Sprache wäre langweilig, wenn sie im Alltag gelegentlicher Verschrobenheiten und Entgleisungen entbehrte. Ein Greizer Zeitungsverkäufer schwärmte für »Bitterschön!«, und ein Kellner bedankte sich fürs Trinkgeld mit seiner Lieblingsfloskel »Sehr liebensgewürzig!« Von Heinz Erhardt wissen wir, daß er die skurrile Redewendung »Entschuldigen Sie bitte mehrmals!« in die Welt gesetzt hat. Für alle diese genannten Sprachnorm-Abweichungen gilt: Sie sind willkommene Kobolde und Vitamine der Sprache, solange wir uns bewußt sind, daß es sich bei ihnen um mehr oder weniger witzige Seitensprünge handelt. Wenn ich indessen in einem ganz ernstgemeinten politischen Fernsehkommentar den Reporter sagen höre »Man kann das Eingreifen deutscher Blauhelm-Verbände in Jugoslawien in keinster Weise billigen!« gehen mir sämtliche und sämtlichste Hüte und Blauhelme hoch. »In keinster Weise« ist ein (abgestandener) Sprachulk. Gerade noch karnevalstauglich.

Leichtgewicht

Neulich las ich »Verkehrstote im Osten nehmen ab!« Zugegeben: Ich ahnte, ja, ich wußte sogar, was der Verfasser dieser Zeitungsüberschrift meinte, aber ich konnte nicht umhin, die Formulierung komisch zu finden. Selbstverständlich nehmen Verkehrstote ab. Alle Toten nehmen ab. Sterben zehrt eben. Ein Verstorbener wiegt nach seiner Beerdigung weniger als zu Lebzeiten – gar nicht zu reden von einem Eingeäscherten. Warum sollten da ausgerechnet Verkehrstote ihr Gewicht stabilisieren? Gönnen wir Journalisten – vor allem denen von der Schlagzeilenpresse – Einsparungen und Ver-

kürzungen. Aber lassen wir Schabernack und den sogenannten schwarzen Humor nicht ins Kraut schießen. Verkehrstote nehmen ab? Verkehrstote nehmen zu? Soviel Druckerschwärze muß für eine korrekte Überschrift schon vorhanden sein, um Verkehrstote vor dem Ab- und Zunehmen zu schützen. »Die Anzahl der Verkehrstoten im Osten nimmt ab (oder nimmt zu)«. Zehn Anschläge auf der Schreibmaschine mehr, aber ein Anschlag auf den guten Stil weniger.

Herrengedeck

Einfach kurios oder aber doch des Nachdenkens wert: Eine Frau (Dame) beklagt sich beim Sozialgericht, daß sie bei behördlichen (und schon gar bei eher privaten) Briefen mit »Sehr verehrte Frau Schulze« angeredet werde. Sie halte »Frau« für diskriminierend, weil schließlich Männer mit der Formel »Herr Schulze« und nicht »Mann Schulze« ausgezeichnet würden. Und weil dem so sei, müsse die Klägerin nach dem Gleichheitsgrundsatz gefälligst als »Sehr verehrte Dame Schulze« adressiert werden. Das Gericht wies die Klage ab mit dem etwas fadenscheinigen Argument, es sei zwar

nicht ganz logisch, die Männer vornehmer zu titulieren als die Frauen, aber nun mal so üblich. Punktum. In Berlin gibt es dieses Problem zumindest zwischen Verkaufspersonal und Kunde (Kundin) nicht. Da heißt es salopp und gleichberechtigt »Junger Mann!« oder »Junge Frau!« Eigentlich müßte man sich beschweren, daß in der Hauptstadt weder »Junger Herr« noch »Junge Dame« marktwirtschaftlich in Umlauf sind. Aber wir wollen im Bereich der Floskelogie nicht herrlicher oder dämlicher sein als oben erwähnte Dame.

Punktmüller

Es gibt in Schwerins Fußgängerzone einen Haushaltwarenladen, dessen Inhaber GUSTAV MÜLLER. heißt – wohlgemerkt, nicht einfach GUSTAV MÜLLER, sondern GUSTAV MÜLLER. mit diesem ominösen Punkt hinter dem (Firmen-)Namen. Unsere Groß- und Urgroßeltern können sich an den Punkt am

Ende von Titeln, Firmen, Überschriften usw. gut erinnern. Die »VOSSISCHE ZEITUNG« zum Beispiel hieß »VOSSISCHE ZEITUNG.«, eine »BEKANNTMACHUNG« war eine »BEKANNTMACHUNG.«, und der Ladeninhaber schrieb übers Schaufenster eben nicht »GUSTAV MÜLLER«, sondern »GUSTAV MÜLLER.« Vor hundert Jahren war auch der apostrophierte englische Genitiv üblich und regulär. Noch heute halten Kaiser's Verbrauchermarkt und Beck's Bier an der alten Schreibweise fest, um den Kunden langjährige Tradition zu suggerieren. Wissen sollte der Kunde freilich, daß aktuelle Interpunktionsregeln solche Punkte und Apostrophe nicht gelten lassen. Aber beim Geschäft geht's nicht um Regeln, sondern ums Geschäft.

Nicht oder was?

In einer sächsischen Zeitung war die Rede vom »früheren FDP-Vorsitzenden und Wirtschaftsminister Otto Graf Lambsdorff«. Zwei Interpretationen sind möglich: Lambsdorff war früher FDP-Vorsitzender und Wirtschaftsminister, oder Lambsdorff war früher FDP-Vorsitzender und ist gegenwärtig Wirtschaftsminister. Wer sich in Bonn auskennt, weiß natürlich, daß der aktuelle Wirtschaftsminister (der völlig überflüssige übrigens, denn nach seinem historischen Ausspruch »Wirtschaft findet in der Wirtschaft statt« dämmert es arbeitendem und arbeitslosem Volke, daß nicht die Politik die Richtlinien der Wirtschaft, sondern die Wirtschaft die Richtlinien der Politik bestimmt) Günter Rexrodt heißt. Aber zurück zur Zeitungsformulierung. Unmißverständlich hätte in oben angeführtem Zusammenhang vom »früheren FDP-Vorsitzenden und Ex-Wirtschaftsminister Otto Graf Lambsdorff« gesprochen werden müssen. Ich erinnere in diesem Zusammenhang an ein vor Jahren zitiertes Beispiel für ein mißverständliches Verbotsschild: »Bitte nicht rauchen und auf den Boden spucken!« Na, dann spuckt mal schön!

Anschublehre

Man würde den Wortadella-Glossenbereich zu eng sehen, wollte man nicht gelegentlich auch den einen oder anderen bemerkenswerten Wortlaut an den Pranger stellen. Bei den Wiener Schwimmweltmeisterschaften im Spätherbst 1995 entblödete sich ein altbundesländerdeutscher Sportfunktionär (leider vergaß ich, mir den Namen zu notieren) nicht, den sportlichen Leistungsrückstand im östlichen Deutschland mit »Anschubschwierigkeiten beim Übergang vom DDR-Kommandosport zum Hochleistungssport freier Prägung« zu erklären. Leider hat das zu oft in Anspruch genommene Bundesverfassungsgericht noch keine Zeit gehabt, solche verbalen Hirnrissigkeiten als verfassungswidrig zu brandmarken. Die DDR-Ex-Kommandosportler Katarina Witt, Henry Maske, Gunda Niemann, Axel Schulz, Jens Weißflog und ein paar Dutzend andere sind jedenfalls trotz der Entbehrung eines »Hochleistungssports freier Prägung« ohne Doping und sogar ohne damalige Millioneneinkünfte ganz gut ins vereinigte Deutschland reingerutscht.

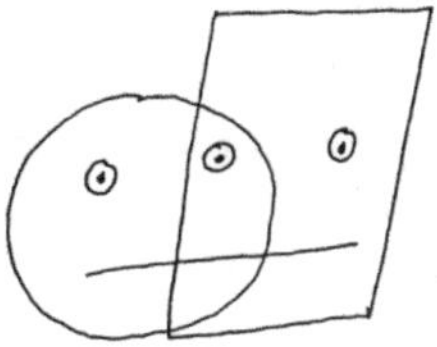

Städtoskop

Kurz vor der Jahreswende 1995/96 meldete der »Berliner Kurier«: »In Moskau (Rußland) gibt es bereits 750 000 Grippekranke.« Dazu fällt mir ein: »In London (Großbritannien) fürchtet man nun, daß die Grippewelle via Warschau (Polen) und Berlin (Deutschland) transozeanisch bis New York (USA) und schließlich sogar bis Tokio (Japan) überschwappt.« Ende der karnevalistisch akzentuierten Durchsage. Und jetzt Klartext: Welcher Schelm hat den Kurier geritten, als der, vom Geist der Einfalt befallen, den Leser glaubte darauf hinweisen zu müssen, daß Moskau in Rußland liegt? Schon wahr: Viele Metropolen haben kleinstädtische oder dörfliche Namensvettern, und es ist gewiß ratsam, etwa Rom (bei Parchim), London (Kanada), München (bei Bad Berka), Lagos

(Portugal), Philadelphia (Kreis Storkow), Hamburg (Kansas), Lima (USA) und Berlin (Papua-Neuguinea) geographisch zu fixieren. Aber Großstadt-Millionäre einem Land zuzuordnen – da lachen nicht nur die Hühner, sondern auch die Peking (China)-Enten.

Exeinmaleins

Es stand (zur Person des Liedermachers Reinhard Kuhnert) 1994 in der OTZ: »Da die Veröffentlichung seiner Arbeiten zunehmend be- und verhindert wurde, verließ er die damalige DDR ...« Genaugenommen entbehrt die »damalige DDR« aus aktueller Perspektive, also im Blick auf ein historisches Staatsgebilde, nicht der Komik, denn in der Vergangenheit war die DDR schließlich mitnichten etwas Damaliges, sondern etwas durchaus real Existierendes. Also: Reinhard Kuhnert verließ (damals) nicht etwa die damalige, sondern schlicht die DDR. Ich habe zwar schon öfter auf den Unsinn der »damaligen« oder »ehemaligen« oder »Ex«-DDR bei Geschichten aus der Vergangenheit hingewiesen, aber ich sage heute nochmals und ein- für allemal: Gera ist eine Großstadt des Freistaates Thüringen in der Bundesrepublik Deutschland und liegt auf dem Territorium der ehemaligen DDR. Bis 1990 war Gera Bezirksstadt der DDR. Ich hoffe, mich verständlich und historisch-philologisch korrekt ausgedrückt zu haben, ich, ehemaliges Kind der ehemaligen Weimarer Republik mit dem ehemaligen Reichspräsidenten Friedrich Ebert an der ehemaligen Spitze.

Zweites Kapitel

DAS PERFEKTE VERSPRECHEN

Was ich nicht weiß

In einer reichbebilderten Zeitung las ich »Günter Strack war weiß wie eine Wand«. Eine kühne Formulierung. Der Verfasser glaubte offensichtlich, eine eindrucksvolle Farbbeschreibung des Strackschen Teints produziert zu haben. Jedoch bezweifle ich, daß »weiß wie eine Wand« plausibler ist als »gelb wie eine Rose«, »dunkelblau wie ein Auto« oder »rot wie eine Socke«. Ich kenne nämlich viele Wände, die alles andere als weiß sind, von roten Rosen, anthrazitfarbenen Autos und grün-braun-karierten Socken ganz zu schweigen. Kurz und knapp: Günter Stracks Hautfarbe, ahne ich, war bei seinem Kreislaufkollaps vielleicht weiß wie Schnee, nicht aber wandweiß, allenfalls kalkwandweiß. Ich hoffe, daß Wortadella-Freunde meine Lektion für einleuchtend halten – einleuchtend wie Waigels Sparprogramm, wie eine Lichthupe oder ein Glühwürmchen.

Ein bißchen sehr

Ein Satz wie dieser ist natürlich unsinnig, aber ich habe ihn, fast wörtlich, neulich im Radio gehört: »Etwas ziemlich erheblich hat mich dieser Vorgang ein wenig stark erschüttert!« Nun ja. Der Eifer des Gefechts, spontane und gefühlsbetonte Äußerungen sind kein Sprachstil-Medikament. Aber warum hört man gar zu oft – auch bei Gelegenheiten, die hektische und törichte Formulierungen nicht unbedingt provozieren – so verschrobene Wendungen wie »Es ist mir ein bißchen sehr unangenehm ...«, »Er kommt meistens immer

gegen sieben Uhr nach Hause« oder »Nein danke, ich habe bereits schon gefrühstückt!« Muß ich erläutern, wieso alle drei Sätze gegen Sprachgefühl und Sprachverstand verstoßen? Doch wohl nicht. Wer sich »ein bißchen sehr«, »meistens immer« und »bereits schon« durch den kühlen Kopf gehen läßt, wird sowieso erkennen, daß es sich entweder um widersprüchliche oder um doppeltgemoppelte Aussagen handelt. Sage niemand, daß er lebenslang gegen solche und ähnliche sprachliche Oberflächlichkeiten gefeit sei. Wir alle sind Lernende bis zum letzten Atemzug. Schlimm ist nur, wenn jemand einen Fehler erkannt hat, aber nicht im Traum daran denkt, die Fehlleistung zu korrigieren. Schlimm und ein bißchen sehr traurig.

Real – mal ohne Madrid

Real-reell-realistisch – drei Wörter von unterschiedlicher Bedeutung, die manchem Redner und vielen Schreibern als sinngleich gelten. Ich hörte einen Politiker prophezeien: »Ein spürbarer Aufschwung Ost ab 1994 ist real!« Selbst wenn ich diese prognostische Botschaft geteilt hätte (wozu mir der Glaube fehlte), könnte ich mit der Wortwahl des Politikers nicht übereinstimmen. Richtig müßte die Voraussage nämlich lauten: »Ein spürbarer Aufschwung Ost ab 1994 erscheint realistisch!« Nämlich: Real bedeutet wirklich, realistisch aber wirklichkeitsnah, wirklichkeitsbetont oder auch vollziehbar und durchsetzbar. Bliebe die Vokabel reell. Ein realer (wirklicher, tatsächlicher und keinesfalls imaginärer) Geschäftsmann kann sowohl realistisch (die wirkliche Marktsituation in Betracht ziehend) als auch reell sein. Reell hat einen moralischen Akzent und steht für seriös, redlich, ehrlich, kundenfreundlich. Daraus folgt: Realistische Kaufleute gibt es wie Sand am Meer, reelle wie Oasen in der Wüste Gobi.

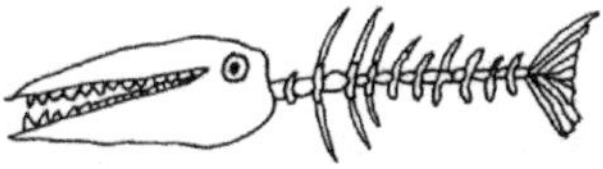

Dir ist mein ganzes Herz!

Wenn sogar eine Oberbürgermeisterin sagt: »Der Pokal ist Ihnen!« (Begrüßungsfeier für die europameisterliche deutsche Fußballmannschaft vorm Frankfurter Römer), muß man sich ernstlich fragen, ob die deutsche Sprache noch zu retten ist. Wir brauchen dringender als eine Rechtschreibreform die Reform von Sprache und Stil. Just solche Wendungen wie »Das Auto ist mir« oder »Der Garten ist uns« lassen ein erschreckendes Defizit erkennen (merke: Sprache ist Denken). Man stelle sich folgende Evergreen-Texte in schönstem Falschdeutsch vor: »Dir ist mein ganzes Herz!«, »... denn du bist mir, und ich bin dir, und da liegt alles drin!«, »Einer wird kommen, dem will ich sein!« oder gar »Wem sind die schönsten Schäfchen, die sind dem goldnen Mond!« Nebenbei: Daß man gehören auch als Hilfszeitwort verwenden (eigentlich: mißbrauchen) kann, beweisen die Bayern.

Wendungen wie »Der gehört eingesperrt!«, »Dem gehört der Führerschein weggenommen!« und »Solchen Burschen gehören die Leviten gelesen!« sind zwischen Landshut und Bad Tölz durchaus üblich. Aber das steht auf einem anderen Bierdeckel.

Wortwürdlich

Appell (wörtlich) am Hintereingang einer Dresdener Minol-Tankstelle: »Wir würden Sie bitten, die gegenüberliegende Tür zu benutzen!« Mit »würden« (von Hochwürden mal abgesehen) wird landesweit erschreckend Schindluder getrieben. In unserem speziellen Hintertüren-Fall ist unübersehbar, wie albern der »würde(n)«-Gebrauch bei derartigen Wei-

sungen und Informationen ist. Plausibel formuliert wäre doch etwa der Minol-Appell: »Bitte Vordertür benutzen!« Am vernünftigsten fände ich es freilich, nach englischem Vorbild »No smoking« kurz und bündig zu schreiben »Eingang gegenüber!« Schließlich käme man jenseits des Kanals gar nicht auf den Gedanken, das Rauchverbot galant mit den Worten »Please be so kindly to renounce smoking« zu dekretieren.

Muckefuck

Der Satz, den ich im Rundfunk hörte, hatte diesen Wortlaut: »In Ostdeutschland ist es so, daß vier Jugendliche um einen Arbeitsplatz kämpfen.« Es ist traurig, daß es so ist, daß vier Jugendliche um einen Arbeitsplatz kämpfen, aber ganz allgemein gesagt ist es ebenfalls traurig, daß es so ist, daß kaum noch irgend etwas mitgeteilt wird ohne Hinweis darauf, daß etwas so ist. Nehmen wir den Rundfunksatz und stutzen ihn gehörig: »In Ostdeutschland kämpfen vier Jugendliche um einen Arbeitsplatz.« Ich weiß, daß ich mit diesem verkürzten Satz den Es-ist-doch-so-daß-Phraseuren die ganze Schwulstfreude vermassele, aber ich bleibe dabei: »Es ist doch so, daß …« ist entbehrlich. Ich gehe noch einen Schritt weiter und behaupte: Auch die bei vielen allzu moderaten Moderatoren und anderen im Schneckentempo vorwärtsformulierenden Langredezeitgenossen so beliebte Einlage »Und dann geschah folgendes …« ist, wenn nicht immer, so doch immer öfter kalter Kaffee. Und schließlich: »Wenn ich so sagen darf«, »Wenn Sie so wollen«, »Nach meinem Dafürhalten« und »Im Prinzip« gehören nicht minder zu einem phrasenreichen Kalten-Kaffee-Klatsch. Ach was – Kaffee! Das schmeckt eher wie Muckefuck.

Staubwolke

Meine Deutschlehrer in den dreißiger Jahren fühlten sich immer von der Tarantel gestochen, wenn ich in meinen Aufsätzen Sätze der direkten oder indirekten Rede nicht brav mit einem Tätigkeitswort des Sagens, Fragens, Denkens oder Fühlens einleitete. Verkürzungs- oder Einsparungs-Faxen, wie sie Jahrzehnte später etwa im »Spiegel« oder im modernen Roman gang und gäbe waren, galten als unkultiviert und dudenwidrig. Bei Mindeststrafe dreiviertelstündigen Nachsitzens (mit Schreibübungen) wurde etwa der Satz »›Komm‹, so meine Mutter, ›nach der Klavierstunde sofort nach Hause!‹« korrigiert. Ich hätte selbstverständlich schrei-

ben müssen: »Ich solle, ermahnte mich meine Mutter, nach der Klavierstunde sofort nach Hause kommen.« Ganz ungebührlich war diese Verkürzung: »Der Bürgermeister: ›Gut so!‹« Und geradezu verbrecherisch: »›Mich siehst du nicht wieder‹, machte er sich aus dem Staub.« Ich weiß, daß bei allem Verständnis für journalistische und literarische Verkürzungen mein Staub-Satz auch heutzutage von strengen Philologen verschmäht und verdammt wird. Aber mir gefällt er.

Der letzte Besuch

Das letzte Mal ist das letzte Mal – das letzte Mal für ewig und immer, das letzte Mal auch an irgendeinem Tag, in irgendeiner Woche, in einem bestimmten Jahr. Das letzte Mal schließt die Wiederkehr einer weiteren Letztmaligkeit aus. Sollte es wenigstens. Als Fernsehreporter Knut Terjung beim zweiten Polen-Kanzlerbesuch im Juli 1995 bekanntgab: »Helmut Kohl war das letzte Mal vor sechs Jahren in Polen«, meldete er falsch. Der Mann am Mikrofon hätte richtig sagen müssen: »Helmut Kohl war zuletzt vor sechs Jahren in Polen.« – »Das letzte Mal« macht einen Schlußstrich, »zuletzt« indessen schließt Wiederholungstat nicht aus, macht sie sogar wahrscheinlich. Treffen sich zufällig Paul und Otto nach zwölf kontaktlosen Jahren. »Mensch«, grübelt Otto, »wann haben wir uns eigentlich zum letzten Mal gesehen?« – »Du erschreckst mich!« antwortet Paul, »hoffentlich nicht heute!«

Sonstiges

Er solle seine Mietschulden gefälligst bis zum Ersten begleichen, ansonsten werde ihn, den Mieter, der Teufel holen! Keine eben kulante Mahnung des Vermieters – und eine sprachlich wacklige dazu. Merke: *Ansonsten* bedeutet soviel wie *ausserdem*, wogegen man *sonst* ungefähr mit *andernfalls* gleichsetzen kann. Wer ansonsten und sonst über einen Kamm schert, der bildet womöglich auch einen Satz wie diesen: »Er verdiente seine Brötchen als Drummer einer Combo, sonst sprang er als Kellner in einem Biergarten ein.« Nun wird kaum jemand sonst anstelle von ansonsten in die Debatte werfen, umgekehrt jedoch gibt es Hunderttausende, die jegliches sonst zu ansonsten verballhornen (siehe oben die Mietschulden). Apropos sonst: Das benachbarte Wort umsonst ist mit Vorsicht zu genießen und zu verwenden. Seine Tücke liegt im Doppelsinn (umsonst steht mal für vergebens und mal für gratis), der schon manchen zum unfreiwilligen

Stilblütenproduzenten qualifiziert hat, denn so umsonst sich leider oftmals die Ärzte um einen todkranken Patienten bemüht haben mögen – gratis waren diese Bemühungen gewiß nicht.

Grundsätzliches

Zeitungsmeldung (eine von hunderttausend ähnlichen): »Sonntag gegen 1.50 Uhr kam auf dem Tempelhofer Damm ein mit acht Personen besetztes Auto aus bisher nicht geklärten Gründen von der Fahrbahn ab und prallte gegen einen Ampelmast …« Die Komik der Formulierung liegt auf der Hand sowie im argen: Ein Auto (zwar mobile, aber gleichwohl nichtdenkende tote Materie) hatte Gründe, von der

Fahrbahn abzukommen und gegen einen Ampelmast zu prallen? Hatte also Gründe, Beweggründe, sozusagen Motive wie ein höchstintelligentes Wesen, welches, ausgestattet mit Geist und Gefühl, zu erwägen und zu beschließen vermag, von der Fahrbahn abzukommen und gegen einen Ampelmast zu prallen. Insgeheim und sowohl im theologischen als auch im metaphysischen Sinn mögen Feuersbrünste ihre Gründe haben zu lodern, Vulkane ihre Gründe, nach längerem Stillschweigen auszubrechen, und Flüsse ihre Gründe, über die Ufer zu treten. Aber vom Standpunkt der registrierenden

Journaille sollte es für Naturkatastrophen, Kriege, Epidemien, Verkehrsunfälle, Hungersnöte und steigende Kriminalität doch wohl nur Ursachen geben. Grund oder Ursache – die Unterscheidung ist simpel: Wenn Ihnen, liebe Leser, meine Lektion ursächlich und grundsätzlich einleuchtet, haben Sie allen Grund mir zuzurufen: »Vielen Dank, geehrter Dozent!« In aller Bescheidenheit werde ich abwinken: »Bitte, bitte – keine Ursache!«

Völlerei

Ein Theaterbesucher, der die am Vorabend genossene Egmont-Inszenierung als »niveauvoll« bezeichnete, war sich der Fragwürdigkeit seines Huldigungs-Prädikats offensichtlich nicht bewußt, und zwar insofern nicht bewußt, als er ein Wort benutzte, das es nicht verdient, zum seriösen deutschen Wortschatz zu gehören. Mit Recht steht es nicht im Duden, denn Niveau ist ein anderes Wort für Fläche, womöglich für Ebene – jedenfalls für ein Ding, das nicht im Traum daran denkt, voll oder leer zu sein. Ein volles (oder leeres) Niveau ist so unsinnig wie etwa ein hohes (oder tiefes) Volumen. Ähnlich dumm ist die inflationär artikulierte oder notierte Vokabel »vorwiegend« – obwohl sie im Duden steht. »Vorwiegend« ist nichts anderes als ein Sprachunfall, eine unsinnige Melange aus »überwiegend« und »vorherrschend«. Wer immer den Bastard »vorwiegend« in die Welt gesetzt hat – Weisheit war nicht im Spiel. Vorwiegend? Allenfalls ist eine Wurstverkäuferin vorstellbar, die ein vom Kunden beargwöhntes untergewichtiges Kilo Hackepeter vorwiegend als korrekt gewogen demonstriert. Eine vorwiegende Verkäuferin – nichts läßt sich gegen eine derartige Funktion und Formulierung einwenden. Ganz anders denke ich über das Urteil eines Ostthüringer Wortadella-Lesers, der mir womöglich bestätigt, daß diese Sprachglosse vorwiegend niveauvoll sei. Er sollte den Artikel noch einmal ganz langsam Zeile für Zeile studieren, um das vernünftige Fazit zu ziehen: »Ja! Er hat überwiegend hohes Niveau!«

Um und dumm

Seit Marcel Reich-Ranicki ihm Intelligenz zubilligte, muß geargwöhnt werden, daß er diese »Wortadella«, sofern er sie je zu Gesicht bekommt, blasiert zurückweist: Thomas Gottschalk, jener Tausendsassa und ewig lausbübische Schwarm der Siebzehn- und Siebzigjährigen. Dennoch erkläre ich dickköpfig: Die Gottschalksche Intelligenz ist im Sprachbereich lückenhaft. Die Behauptung des Spielmeisters, daß zwei Kandidaten herausfinden könnten, »um welche Musikautomaten es sich handelt«, ist beispielsweise unsinnig. Allenfalls hielten sich die Wettbewerber für befähigt zu ermit-

teln, »um was für Musikautomaten es sich handelt«. Der kleine feine Unterschied: Entsprechend der Ankündigung Gottschalks hätten die Kandidaten etwa ermitteln müssen: »Es ist der Musikautomat des Kneipiers Jupp Bangenforth in Wanne-Eickel, Castrop-Rauxeler-Allee hundertelf …« Im zweiten Fall jedoch wäre es nicht um Identifizierung des Automaten, sondern um Fabrikat, Typ und Baujahr gegangen – und darum ging es in der Tat. Zweite Gottschalk-Fehlleistung: »Sind Sie tolerant!« Das Vorhandensein einer speziellen »sein«-Befehlsform (»Seien Sie tolerant!«) sollte von einem sprachfühligen Entertainer nicht ignoriert werden. Genausowenig wie ein korrektes »seinetwegen«, das von Gottschalk zu saloppem »wegen ihm« verfälscht wurde. Und schließlich brachte Gottschalk am 18. Januar 1997 einen Kandidaten ins Spiel, der die Anzahl der Buchstaben auch ellenlanger »Worte« sekundenschnell ermitteln könne. Th. G. wird mein Kolleg über Worte und Wörter im Vorwort dieses Buches empfohlen.

Zu was der Lärm?

Wenn Sie, liebe Wortadella-Fans, von mir wissen wollen, um was es mir in der heutigen Lektion geht, dann antworte ich salomonisch: Es kommt ganz darauf an, auf was wir uns einigen und mit was wir uns am nötigsten beschäftigen müssen. Rundherausgesagt: Wir sollten über die weitverbreitete Schlamperei reden, statt *WORUM, WORAUF, WOMIT* u. ä. die Falschbildung *UM WAS, AUF WAS, MIT WAS, GEGEN WAS, UNTER WAS, ÜBER WAS* und andere Wasse in die Sprache einzuschmuggeln. Wie? Der Minister, der Reporter, der talkende Professor, Ihr Zahnarzt hätten neulich die von mir gerügten Wörter und Wendungen ganz unbefangen artikuliert? Wenn schon. Wie fänden Sie folgende gefälschte klassische Zitate: »Für was ist die Straße da? Zum Marschieren!« (Wanderburschenlied), »Zu was der Lärm? Was steht dem Herrn zu Diensten?«

(Mephisto in Goethes »Faust«), »An was ich meine, so ganz alleine, an was ich meine Freude hab« (Volkslied), »Für was sie besonders schwärmt, wenn er wieder aufgewärmt« (Wilhelm Busch über das Verhältnis der Witwe Bolte zum Sauerkohl).

Schlechte Vorsätze

Es ist wegen nachweisbarer epidemischer »Vorsatz«-Seuche nötig, die Symptome dieser Krankheit mit wechselnden Schwerpunkten zu beschreiben und anzuprangern. Vorsatz-Seuche: Sie zeichnet sich durch umständlichen zeitschindenden Aufgalopp aus, statt gleich zur Sache zu kommen. Wer aber nicht zum Kern seiner Aussage kommt, ohne Phrasen wie »Es ist doch so, daß …«, »Nach meinem ganz persönlichen Dafürhalten«, »Ich möchte mal sagen …« usw. vorzuspannen, verschleppt Interviews oder Diskussionen auf unerträgliche Weise. Neulich lauschte ich einer Radio-Fragestunde. Drei Minuten vor Schluß der Sendung appellierte der Moderator an den letzten telefonischen Fragesteller, sich kurz zu fassen. Der Anrufer indes, offensichtlich ein tranfunzliger Phrasenlatscher, meditierte in schöner Beschaulichkeit: »Also ich hätte, um es kurz zu machen, hm, also ich hätte – hören Sie? – also eine, nun ja, genaugenommen zwei, aber eigentlich, wie gesagt, wegen der Kürze der Zeit mal nur im Prinzip eine Frage, nicht wahr, sozusagen …« Das Zwölfuhr-Zeitzeichen schnitt dem Vorsatz-Sadisten das Wort ab. Leider nicht auch noch die Zunge.

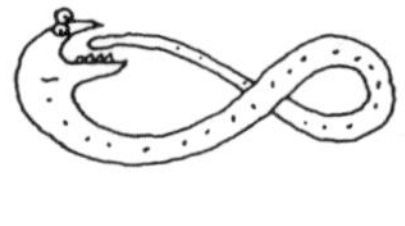

Unentschieden

Die Sportnachrichtensprecherin: »Nürnberg gegen Stuttgart eins zu eins unentschieden …« Muß man aus solcher Aussage nicht strenggenommen schließen, daß dieses Fußballduell abgebrochen worden ist? Denn: Unentschieden ist ein Spiel ja nicht schon deshalb, weil sich Nürnberg und Stuttgart die Punkte teilten. Richtig wäre dagegen die Nachricht, daß besagtes Fußballspiel remis oder – wie die Österreicher

sagen – gleichauf endete, denn 1:1 ist allemal eine Entscheidung. Und erst recht ein Ergebnis. Trotzdem lese und höre ich: »Die Verhandlungen verliefen ergebnislos.« Ich weiß schon, was mit diesem unglücklich gewählten Prädikat »ergebnislos« gesagt werden soll, nämlich, daß die Verhandlungen keine Übereinstimmung (neuparlamentarisch: keinen Konsens) brachten – aber ergebnislos waren sie keineswegs, allenfalls erfolglos. Unentschieden, ergebnislos – zwei in neunzig von hundert Zusammenhängen falsch gewählte Vokabeln. Auch diese Sprachglosse war weder unentschieden noch ergebnislos. Sie war womöglich nicht einleuchtend oder nicht ergiebig. Eine Entscheidung und ein Ergebnis jedoch sind zu verzeichnen: Der Wortadella-Leser kommt ins Grübeln.

Seit an seit

Von dem am 3. November 1994 verstorbenen Schriftsteller Joachim Knappe wußte die OTZ zu berichten, er sei »seit längerem schwer erkrankt« gewesen. Ich zweifle nicht, daß Knappe seit längerem schwerkrank war, aber erkrankt war er weder seit noch von bis, sondern jedenfalls nur zu jenem tückischen Zeitpunkt, als der Patient krank wurde. Ich höre schon wieder Zwischenrufe wie »Philister«, »Dünnbrettbohrer« usw. Dennoch mögen Protestierer zur Kenntnis nehmen, daß der feinfühlige Mensch durchaus zu unterscheiden weiß zwischen Beschreibung des Zeitpunkts und der (Zeit)Dauer. Glauben Sie mir: Ich lebe seit dem 30.7.22, aber ich bin nicht seit dem 30.7.22 geboren, und mein Berliner Leib-und-Magen-Bäcker besitzt seinen Laden zwar seit 1987, hat ihn jedoch nicht seit 1987 gegründet. Aber nichts für ungut: Alle Stengelzeilenleser sind mir lieb und teuer zu allen Zeitpunkten und dauerhaft allemal seit aller und bis in alle Ewigkeit.

Satzbaustörung

Wenn ein Zeitungsartikel mit dem Satz beginnt »Darmstörungen und -erkrankungen treten zunehmend in der Bevölkerung auf ...«, ist man versucht, ihn etwa so fortzuspinnen: »... mit rückläufiger Tendenz dagegen bei Kakadus, Ameisenbären, Kakerlaken, Rottweilern und Wüstenspringmäusen.« Die Wendung »in der Bevölkerung« am Ende des

Satzes läßt nämlich den Verdacht keimen, daß bakterieller Befall in Unterleibsbereichen nicht nur der Bevölkerung, sondern wohl auch Tieren, Pflanzen und gar Mineralien zusetzt. Man fragt sich, warum unser Kassandra-Journalist nicht schlicht geschrieben hat: »Zunehmend treten Darmstörungen und -erkrankungen auf!« Ich kann mir nicht denken, daß auch nur ein einziger Leser bei dieser Formulierung eine andere Krankheits-Lokalität vermutet hätte als den Bevölkerungsauftrittsort. Oder zweifeln etwa Sie bei einer Meldung über Geburtenrückgänge daran, daß sie sich auf die Bevölkerung bezieht? Jedenfalls ist kaum vorstellbar, daß bei Kaninchen-Fortpflanzungsdefiziten nicht ausdrücklich auf die Stallhasen-Adresse hingewiesen wird.

Dankeschön

Früher sagte einer, wenn ihm Freundeshilfe zuteil geworden war: Die Besserung meiner Situation ist dem guten Menschen Franzpaul Schmidtmüller zu danken. Heute ist die Besserung der Situation dem guten Menschen F. Sch. »geschuldet«. Nun ist gegen Schuldgefühle nichts einzuwenden – schon gar nicht, wenn Schuldentilgung ernsthaft und ehrlich in Betracht gezogen wird. Wenn aber auch geschuldet ist, was jemandem eigentlich nicht gedankt, sondern zur Last gelegt werden müßte, dann beginne ich an der richtigen Anwendung des Schuldbekenntnisses zu zweifeln. Darf man wirklich kühn formulieren: »Das menschenmörderische Attentat ist fanatischen Fundamentalisten geschuldet«? Wohl nicht. Was »geschuldet« ist, sollte, denke ich, Wiedergutmachung erheischen und nicht Abscheu. Wenn einer vernünfti-

ges Deutsch spricht, kann er wohl sagen, daß sein hohes Sprachniveau dem Deutschlehrer geschuldet ist. Umgekehrt sollte ein mathematischer Blindgänger nicht wehklagen, sein dilettantischer Umgang mit Zahlen sei dem Rechenlehrer geschuldet. Jeder Lichtblick dieser Glosse ist natürlich ihrem Verfasser geschuldet. Verwirrung indessen ist ihm nicht zu schulden, sondern als Irrlicht anzukreiden.

Nirgendwo

Die Person, die uns »irgendwie« fremd, undurchschaubar oder unheimlich ist, kann es genaugenommen durchaus geben, auch dann, wenn deren Fremdheit, Undurchschaubarkeit und Unheimlichkeit nur »irgendwie« empfunden wird. Anders verhält es sich freilich mit *IRGENDWO* im Hinblick auf eine Mensch-Mensch-Beziehung. »Diese Frau (dieser Mann) ist mir ›irgendwo‹ schnurz, rätselhaft oder unangenehm.« Irgendwo! Wo denn nun zum Teufel? Irgendwo! Wo liegt dieses mystische Irgendwo? Im Auge des Betrachters oder des Betrachteten? In Dingsda oder Dingsdort? Diesseits oder jenseits? Ich werde den Verdacht nicht los, daß es sich bei dem im oben erwähnten Zusammenhang artikulierten Irgendwo schlicht um eine Phrase handelt. Liebe Leute, laßt euch sagen: Wenn euch jemand sympathisch oder im Gegenteil zuwider ist, dann verankert eure Gefühle und Gedanken nicht irgendwo, sondern auf festem Grund und Boden.

Geschlechtsverkehrt

Seit Jahresbeginn ist der Benzin teurer geworden. Das stimmt leider faktisch, nicht aber fürwörtlich. Laxheit hin, Schludrigkeit her. An der Sächlichkeit des Benzins sollte festgehalten werden. Korrekt sind nur das Benzin, das Petroleum, das Terpentin. Aber das Beton und das Thermostat? Sie müssen nicht nachschlagen. Das Beton und das Thermostat sind falsch. In beiden Fällen ist der männliche Artikel gefragt. Der, die, das – mitunter Glückssache, meistens aber durchaus zu bändigende grammatische Dreifaltigkeit, zumal es Substantive gibt, die uns Artikel-Alternative gewähren: der Meter oder das Meter, die Krem oder der Krem, der Abscheu oder die Abscheu. Bei der Fürwort-Geschlechtsbestimmung läßt sich mancher vom Sprachgefühl täuschen. Aber die Krake ist falsch, es heißt der Krake, und auch die Gischt gilt als weniger dudenfest denn der Gischt. Apropos Gischt! Wußten Sie schon, daß es den russischen Zischlaut schtsch nur bei einem einzigen deutschen Kompositum gibt? Es lautet Gischtschaum. Ein Glück, daß wir den nur selten aussprechen müssen.

Hoffnungslos

Wie ist das eigentlich mit der Hoffnung? Oft lese oder höre ich: »Es besteht keine Hoffnung mehr, daß ...« (daß der kranke Opa wieder zu Kräften kommt, der Sportklub Hohenwutzen Fußballmeister wird, der entlassene Erwin K. einen neuen Arbeitsplatz findet usw.) Wie denn: keine Hoffnung? Soll doch wohl heißen: keine Zuversicht. Mit der Hoffnung jedenfalls verhält es sich – philosophisch und tatsächlich – ähnlich wie mit der Liebe: Sie höret nimmer auf. In Wahrheit liegen der Version »Es besteht keine Hoffnung mehr ...« semantisches Mißverständnis und sprachliche Gedankenlosigkeit zugrunde, denn es entspricht der Natur des Menschen,

im Schillerschen Geiste noch am Grabe die Hoffnung aufzupflanzen. Ein ähnlich falscher Zungenschlag ist bei der Kondolenz »Verehrte Frau Sundermann! Wenn wir auch alle das Ableben Ihres Gatten erwartet hatten, bedeutet doch für uns und vor allem für Sie sein Tod einen schweren Verlust!« im (Trauer)Spiel. Es ist schon ein Unterschied, ob wir mit einem Trauerfall rechnen mußten oder ob wir ihn erwartet (das klingt wie: herbeigewünscht) haben.

Klare Frage – klare Antwort

Moderner Dialog: »Wie geht es Ihnen?« – »Ich sage mal, ganz gut!« – »Aha, Sie haben also einen sicheren Arbeitsplatz?« – »Ich antworte mal, einen halbwegs sicheren.« – »Aber mit Perspektive?« – »Ich schätze mal, wenn alles gut geht, vielleicht.« – »Und zu Hause?« – »Ich denke mal, Frau und Kinder sind einigermaßen zufrieden.« – »Na, da ist ja sozusagen alles in Butter!« – »Ich behaupte mal, ja!« Diese neue Mode, von Mal zu Mal allemal und allzumal den Verben des Sagens und Denkens dieses vermaledeite Mal aufzumalen, ist ziemlich töricht, weil sie, diese Mode eben, allen Aussagen einen nebulosen, verwaschenen Aussagewert verleiht. *COGITO, ERGO SUM* – so sprach der französische Philosoph René Descartes vor ungefähr dreihundertfünfzig Jahren. Wäre er ein, sage ich mal, Heutiger und ein, spekuliere ich mal, vom Mal-Virus Befallener, hätte sich sein Statement, vermute ich mal, ins Gummideutsche übersetzt etwa so angehört: »Ich denke mal, also bin ich!«

Lohnraub

Höchste Zeit, mal wieder über Wörter zu reden, die es nicht gibt, genauer nicht geben sollte. Zum Glück strich mir mein Deutschlehrer schon vor sechzig Jahren meine Aufsatz-Vokabel *LOHNENSWERT* an. Weiß der Teufel, wie ich auf dieses Wort kam (oder weiß er es doch? Hatte ich das klangverwandte *LOBENSWERT* im Sinn?) – jedenfalls heißt es korrekt *LOHNEND*. Auch *BEISTIMMEN* gibt es nicht, sondern nur *ZUSTIMMEN* und

BEIPFLICHTEN. Obwohl ich mir Ihrer Enttäuschung hinsichtlich meines folgenden Hinweises bewußt bin, teile ich hiermit kurz und trocken mit, daß der Salto mortale des Artisten Minorelli genaugenommen nicht *ATEMBERAUBEND*, sondern *ATEMRAUBEND* ist. Wer mir nicht folgen kann oder will, sollte hinfort konsequent von Beraubzügen der Beräuber Friedrich Schillers reden und schwärmen.

Verwarnung

Die doppelte Verneinung à la »Ich habe überhaupt keine Angst nicht gehabt« oder »Nichts Genaues weiß man nicht« ist als regionalspezifische (z. B. bayrische) Abweichung von der Sprachnorm oder als Formulierungs-Schabernack nicht zu tadeln. Aber selbst bei Gewährung großer Toleranzbreite kann etwa dieser Satz »Wir haben ihn gewarnt, nicht zu schnell zu fahren!« unter gar keinen Umständen akzeptiert werden. Der berichtigte Satz muß lauten: »Wir haben ihn gewarnt, zu schnell zu fahren« oder »Wir haben ihn gemahnt, nicht zu schnell zu fahren«. Problematisch sind Sätze wie »Unsere Gäste werden gebeten, nicht zu lärmen und im Bett

zu rauchen!« Möglich, daß der Wirt des Gasthofs doppelte Verneinung unterließ, weil er sprachlichen Fehltritt fürchtete. In unserem Fall ist jedoch ein zweites »nicht« dringend erforderlich, weil sonst das Rauchen im Bett nicht als Verbot, sondern als Gebot mißverstanden werden könnte.

Sprachleere

Sinnenthöhlte Höflichkeitsbekundungen, Alltagsfloskeln und verbale Klischees nennt man Leerformeln. Die scheinbare englische Erkundigung »How do you do?« ist in Wahrheit eine Leerformel, denn die Antwort lautet »How do you do!« Im Deutschen ist der Austausch von Grußbotschaften nicht ganz so kurios, aber ebenfalls formelhaft. Wer beantwortet schon den Herzenswunsch »Guten Tag!« mit »Danke, gleichfalls!« In der Regel wird der gewünschte gute Tag

mit demselben Wortlaut quittiert. Soll der gute Tag mehr bedeuten als eine Floskel, muß man mittlerweile schon einen »wunderschönen guten Tag« wünschen. Drollig ist im Sortiment der gewöhnlichen Grußbotschaften auch »Mahlzeit!« Die Grüße »Frühstück!«, »Imbiß!« und »Freizeit!« gibt es noch nicht, sie wären aber gar nicht so unübel – halt! Nicht so unübel? Übel also? Wieder ein Beispiel für Sinnenthöhlung oder gar Sinnverdrehung. Gemeint ist schließlich das Gegenteil des Dahingesagten. Merken wir uns: Respektierung des Sprachsinns ist gar nicht so übel!

Neuschneewittchen

Und wieder einmal wurde mir per Radio mitgeteilt, in Schneerieselweiler seien »elf Zentimeter Neuschnee gefallen«.

Aha! Neuschnee! Könnte nicht doch Altschnee gefallen sein? Der ahnungsvolle Leser hat längst begriffen, wo des Pudels Kern im Glashaus begraben liegt: Was da als Schnee vom Himmel fällt, ist eben einfach Schnee, weder Neuschnee noch Altschnee und schon gar nicht der Schnee von gestern. Nur wenn es um die Definition der Liegenschaften als Folge weißer himmlischer Niederschläge geht, können wir unterscheiden: »Neuschnee, Altschnee, Uraltschnee.« Zusammengefaßt und zum Mitschreiben: Neuschnee kann zwar nicht »fallen«, aber immerhin liegen bis zum nächsten Flockenfall.

Polonaise

Diese Zeitungsüberschrift brachte mich ins Grübeln: »Jugendliche überfielen Polen.« Überschriften, weiß der Leser, geben verknappt einen Tatbestand wieder. In unserem Fall ist also vom unerhörten Vorgang einer Aggression Jugendlicher aufs polnische Nachbarland die Rede. Oder? Oder haben Jugendliche »nur« mehrere polnische Bürger überfallen?

Oder wie oder wen oder was? Die ausführliche Meldung schafft Klarheit: »Wie die Grenzwache am Donnerstag in Szczecin mitteilte, soll ein polnischer Bürger in Schwedt von vier deutschen Jugendlichen überfallen worden sein ...« Schlimm genug. Aber muß eine mehrdeutige Überschrift dem Leser eine Invasion suggerieren, wenn ein Überfall auf einen polnischen Bürger stattgefunden haben soll? Bringen wir das Überschrift-Formulierungs-Dilemma auf den Punkt: Vorsicht bei Ländernamen, die mit Staatsbürgerbezeichnungen identisch sind! Was in unserem Beispiel mit Polen passiert ist, kann auch Ungarn und Schweden widerfahren. Die Überschrift »Beziehungen zu Schweden abgebrochen« muß nicht auf einen diplomatischen Eklat deuten, sondern kann ein Hinweis darauf sein, daß die Stralsunder Bürgerin Christel P. ihren Kontakt mit Torsten M. aus Malmö abgebrochen hat.

Gebrauchsliteratur

Freilich: Es ist schon ein Dilemma, daß die Verben bieten-gebieten, loben-geloben, brauchen-gebrauchen und einige mehr im Perfekt zusammenfließen, aber wenigstens der doktorierte Herr Frey vom ZDF-Morgenmagazin sollte gelernt haben, daß man namentlich brauchen und gebrauchen nicht in einen Topf werfen kann. Wenn ich mich richtig erinnere, verriet der Doktor, daß »einen Computer wohl jedermann gebrauchen« könne. Ich habe da meine Zweifel: Nicht jeder, der ein modernes Gerät braucht (benötigt), ist befähigt, dasselbe auch zu gebrauchen, mit ihm umzugehen, es zu handhaben, zu bedienen. So paradox es klingt: Nicht alles, was man braucht, kann man gebrauchen, und umgekehrt brauche ich beispielsweise keinen (zweiten) Staubsauger, obwohl ich ihn durchaus zu gebrauchen wüßte. Und wer hinfort den feinen Unterschied zwischen brauchen und gebrauchen nicht begreift, der sollte mir wenigstens keinen zornigen Brief mit dem Text zusenden: »Herr Stengel! Ich gebrauche Ihre ungebrauchbaren Brauchanweisungen nicht. Mein Deutsch genügt mir sowohl weltweit als auch für den Hausbrauch!«

Dürf und frägt

Viele Berliner kommen mit den Um- und Ablauten nicht zurecht. Außer den korrekten »wir dürfen«, »ihr dürft« und »sie dürfen« höre ich nicht selten zwischen Wannsee und Schmöckwitz »ich dürf«, »du dürfst« und auch »er, sie, es, man dürf«. Weitere Konjugations-Schnurren im Spree-Havel-Zentrum: »Wohin fährt ihr denn?«, »Da fäßt man nicht an!«, »Schläft ihr im Auto?«, »Das mög schon sein!«, »Da-

nach frägt mich keiner!« Kurioserweise leiden auch die Wiener an einer Um-und-Ablaut-Schwäche - allerdings gegenläufig. In Österreich (manchmal auch in Bayern) kann man hören: »Du fahrst am besten mit dem Fiaker!« oder »Schlafst du im Hotel?« oder »Der Karl laßt sich einfach nicht überzeugen!« oder »Lotti backt die beste Mehlspeis in Wien!« Ich weiß nicht, wie ich meine These begründen soll, aber ich neige dazu, die wienerischen Sprachverstöße für mundartlich legitim, die Berliner Normabweichungen hingegen für tadelnswert, weil häßlich, zu halten, obwohl ich als Vogtländer den Berlinern ihre Kodderschnauze eigentlich nicht verbieten dürf.

Ausgangsausschluß

»Herr Bundeskriminalkommissar! Was haben Sie in der Doppelmordsache ...?«
»Ich gehe davon aus, daß ...«
»Schön und gut, aber immerhin sagen viele ...«
»Zugegeben: Ich schließe nicht aus, daß die damit befaßten Instanzen ...«
»Und wie verhält es sich mit den Ermittlungen bei diesem Bankraub mit Geiselnahme, zumal ...«
»Nicht nur ich, sondern auch das zuständige Raubdezernat geht davon aus ...«

»Offensichtlich oder, pardon, offenhörig besteht Ihr Artikulationsrepertoire nur aus den beiden Floskeln ›Ich gehe davon aus‹ und ›Ich schließe nicht aus‹. Wie wäre es, wenigstens gelegentlich ›ich vermute‹, ›ich glaube‹, ›ich bin der Ansicht‹, ›ich halte für möglich‹ oder schlicht ›kombiniere: Nichts Genaues weiß man nicht‹ einzuflechten?«
»Sie Schelm vom Wortadella-Anzeiger! Ich gehe davon aus beziehungsweise schließe nicht aus, daß Sie mich sprachlich aufs Kreuz legen wollen. Aber nicht bei mir. Eine doppelte

Verneinung, davon gehe ich aus, verkehrt den Sinn der Aussage ins Gegenteil. Mein Deutsch indessen, das sollten Sie keinesfalls ausschließen, ist einwandfrei!«

Drittes Kapitel

SUPERLATIEFSINN

Super-Kasperei

Zu den chronischen Sprachkrankheiten gehört der Superlativismus. Die Olympischen Spiele 1992 bescherten uns eine reporter-mündliche SUPER-Flutwelle. Nachdem uns ein gütiges Schicksal vom deutschdemagogischen Zentralorgan SUPER! befreit hatte, erfolgte katalonische Super-Auferstehung bei fast jedem Kommentar. Nun gab es in Barcelona in der Tat zahlreiche sportliche Superleistungen: den Weltrekord der 4 x 400-m-USA-Männerstaffel etwa oder aus deutscher Sicht den Dressur-Hattrick und Dieter Baumanns 5000-Meter-Goldmedaille. Aber das SUPER-Prädikat sogar bei erquälten Semifinal-Qualifikationen oder bei sechsten

bis achten Plätzen im Olympia-Schwimmbecken bedeutet Nivellierung und Banalisierung der sowieso nicht sehr geschmackvollen amerikanischen SUPER-Vokabel. Apropos SUPER: Haben Sie schon gemerkt, daß ein sogenannter »Su-

per-Preis« dem Kunden in Wirklichkeit einen Mini-Preis vorspiegeln soll? Wie auch immer: Vor SUPER-Offerten sei gewarnt.
Neben diesen blödsinnig grammatischen und inhaltlichen Superlativen hält sich hartnäckig eine sprachliche Albernheit, die mit der epidemischen Superlativierung scheinbar nichts zu tun hat. Aber eben nur scheinbar. Ich meine die jugendmodischen (aber auch Senioren sind dem Trend verfallen) Umstandswörter, die als Krücken jedem, aber auch jedem Eigenschafts- oder Mittelwort (Partizip) hinzugefügt werden, damit die Eigenschaften Super-Qualität erlangen. Nichts ist dann nur »gut«, sondern selbstverständlich »echt gut«, Schlechtes ist mehr als schlecht, nämlich »extrem schlecht«, was früher bescheuert war, ist neuerdings »total bescheuert«, das Schlitzohr ist »absolut clever«, der Gentle-

man nicht nur edel, sondern »definitiv edel«. Falls Sie meinen Abscheu gegenüber solcher Superlativierung beipflichten, zögere ich, Sie schlicht als sympathisch, klug, weise oder vernünftig zu bezeichnen. Sie sind vielleicht tierisch sympathisch, supercool, hundertprozentig weise und ätzend vernünftig. Ich las neulich etwas über einen höchstdotiertesten Tennis-Profi. Auch von bestorientiertesten, größtmöglichsten, schwerstverbrecherischsten, kleinstwüchsigsten und engstverwandtschaftlichsten Menschen, Tieren, Gegenständen und Angelegenheiten ist zu hören und zu lesen. Es kann doch nicht so schwer sein, Überfrachtung und Multiplizierung des Superlativs zu vermeiden. Ein Großer wird, wenn wir ihn zum Größten, zum Allergrößten oder gar zum Superallergrößten befördern, nicht größer (und schon gar nicht »supper«, wie es jugendsprachlich heißt), sondern fragwürdig und lächerlich. Und zwar im Mega-Superlativ.

Sensationell sensibel

Der Umgang mit dem Wort Sensation ist oft nicht minder töricht als das Urteil »Super!« beispielsweise beim vierzehnten Platz eines Tour-de-France-Radlers. Die »Sensation« sollte doch bitteschön den wirklich großen bis riesengroßen Überraschungen vorbehalten bleiben. Irgendwann war zu lesen: »Sensation in Barcelona: Michael Schumacher gewinnt den Großen Preis!« In der Tat war Schumachers (eines Favoriten) Sieg ein freudiges Ereignis, aber keine Überraschung. Dauergebrauch der »Sensation« hat auch dazu geführt, daß mehrere Zeitungen den deutschen Wembley-Fußballtriumph als »Sensation« feierten. Die tatsächliche Sensation wäre aber ein tschechischer Finalgewinn gewesen (man frage die Buchmacher). Übrigens wird in Sportreporterkreisen zunehmend die »kleine Sensation« sprachgemünzt. Diese Wendung ist Quatsch mit Soße, denn es gibt kleine Sensationen ebensowenig wie kleine Katastrophen und große Bagatellen.

Hochkunst?

Neulich las ich von einem Pianisten, der sein Greizer Auditorium »durch hohes Können« beeindruckte. Bei dieser Formulierung erinnerte ich mich an Referate, in denen von »breiten Kreisen der Bevölkerung«, »Breiter Zustimmung« oder gar von »breitester Masseninitiative« die Rede war (nebenbei bemerkt: Natürlich gibt es keine »Masseninitiative«, sondern allenfalls eine Massenbewegung, weil sich erst aus

dem Funken, also der Initialzündung, ein Großfeuer entwickeln kann). Aber zurück zur Höhe und zur Breite. Warum eigentlich sind vielen Journalisten, Sachbearbeitern und Parlamentariern Höhe und Breite lieber als schlichte Größe? Gewiß, ein hohes Staatsamt, ein breiter Graben, ein hohes Tier und ein breiter Fächer sind nicht zu beanstanden, aber auf breite Zustimmung, hohe Leidenschaft, breites Interesse und hohe Erwartungen kann ich verzichten. Grundsätzlich: Man befördere Großwildjäger nicht zu Hochwildjägern, Großmäuler nicht zu Breitmäulern und schon gar nicht den

Großmut zum Hochmut. Am traurigsten aber wäre ich, wenn mich meine Enkel eines Tages vom Großvater zum Breitvater qualifizierten.

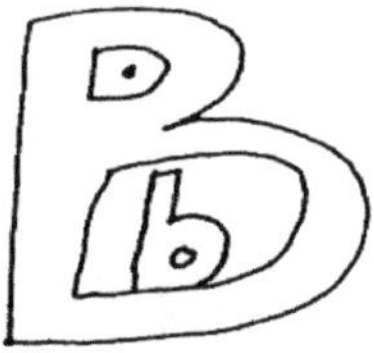

Hyperlob-byisten

Der Umgang, namentlich der unangemessene, mit dem Superlativ kann aus unzähligen Augenwinkeln betrachtet werden. Hier will ich an eine Bemerkung des Fußballtrainers Berti Vogts anknüpfen, der sich (mit Recht) günstig über Thomas Häßlers Rolle bei den schwedischen Europameisterschaften äußerte: »Häßlers Einsatz war mehr als lobenswert!« Hm! Mehr als lobenswert? Höchst lobenswert? super-

lobenswert? Ist, so frage ich sanft, *LOBENSWERT* als Gütesiegel nicht ausreichend? Mehr als lobenswert. Wie oft kann man hören: mehr als erschöpft, mehr als begeistert, mehr als aufrüttelnd, mehr als aufdringlich, mehr als deprimiert, mehr als arrogant, mehr als … nein: mehr als schwanger, mehr als tot, mehr als mehrmals habe ich noch nicht oder allenfalls in satirischen Lese- und Bühnenstücken entdeckt. Die chronischen Mehr-als-Liebhaber sollten sich gelegentlich klarmachen, daß »mehr als gut« leichter wiegt als »gut«. Auch ein Staatsmann gewinnt nicht an Größe, wenn man seine Größe auf »mehr als groß« hochstilisiert. Und ob Sie's glauben oder nicht: Ich habe auch heute mal wieder recht. Mehr als recht. O je!

Allereinzigst

Nur selten ist von sämtlichsten Anwesenden, von totalsten Zusammenbrüchen oder von minimalsten Anstrengungen die Rede. Die Abwehrmechanismen eines einigermaßen intakten Sprachgefühls wehren sich gegen solche Super-Superlative. Anders verhält es sich mit den vermutlich nicht

auszurottenden *EINZIGSTEN* Besuchern und dem *EINZIGSTEN* Höhepunkt einer Veranstaltung. Das *EINZIGSTE*-Phänomen schmuggelt sich in alle Medien und erst recht in Alltagsdialoge. Der Falschdeutsch-Dauerbrenner ist längst zum unentbehrlichen Haushaltsgerät aller Generationen und Gesellschaftsschichten emporgestiegen. Ob es angesichts zunehmender Laxheit und Schlampigkeit in Sprach- und Sprechangelegenheiten wohl noch zur Glorifizierung eines Friedrich Oberschiller kommt? Ich höre schon: »Wir wollen sein ein einzigst Volk von Brüdern, in keinster Not uns trennen und Gefahr!« Wahrlichst, ich sage euch: Und wäre ich der *EINZIGSTE* auf diesem Planeten – ich ließe mir solchestes und derartigstes keinstenfalls, besser noch: keinstenfallstes gefallen!

Kleinkariertes

Unser Bundespräsident besuchte am 20. März die »Kleinstadt Plauen« (ZDF-Nachrichten). Mir ist aufgefallen, daß Rundfunk- und Fernsehstationen der Altbundesländer namentlich bei Verkehrshinweisen Altenburg und Altenberg, Freienwalde und Freiwalde, Rudolstadt und Rudolfstadt (?) verwechseln oder beispielsweise thüringische Gemeinden nach Sachsen oder Sachsen-Anhalt verpflanzen und umgekehrt. Aber aus einer Stadt, die vor dem zweiten Weltkrieg Großstadt gewesen ist und erst seit ihrer siebzigprozentigen Zertrümmerung unter den Großstadt-Pegel fiel (aktuell:

72 000 Einwohner), eine Kleinstadt zu machen, ist schon eine, gelinde gesagt, Laxheit. Plauen, ein Ort, dem (wozu der Besuch des Bundespräsidenten beitragen möge) Aufschwung als Spitzen- und Druckmaschinen-Industrieschwerpunkt zu wünschen ist, hat immerhin andere Dimensionen als Buxte-

hude, Mönchpfiffel-Nikolausrieth, Hitzacker und Winsen an der Luhe. Plauen ist eine deftige Kapitale: Hauptstadt des Vogtlands.

Häschen und Röschen

Schreibungen dieser Art kommen immer mehr in Mode: BuchVerlag, EinkaufsCenter, FißtneßStudio. Wir wollen nicht kleinlich sein. Verfasser solcher Schreibungen setzen womöglich auf bessere Lesbarkeit gewisser zusammengesetzter Wörter (Komposita) und sind nicht unbedingt zu tadeln. Aber wenn wir uns an so eine Neuerung schon zu gewöhnen gedächten, dann sollte mal überlegt werden, wie wir künftig der Ratlosigkeit ausweichen, wenn uns auf Ortsschildern die Namen Häschendorf und Häschenbusch sowie im Berliner Telefonbuch Ingeborg Röschen und Carola

Hänschen begegnen. In allen diesen genannten Fällen sollte man die o.a. Mode zur Regel machen. Demnach wäre, wenn sich die genannten Dörfer aufs Stammwort Hase zurückführen lassen, HäsChendorf und HäsChenbusch zu schreiben. Ist das nicht der Fall, müßte die Schreibung HäSchendorf und HäSchenbusch verbindlich sein. Entsprechend wären die Namen Ingeborg RösChen oder RöSchen bzw. Carola HänsChen und HänSchen ins Telefonbuch zu setzen. Gute Idee?

Extremst?

Ich las: »Dies war eine der wesentlichsten Aussagen ...« Ich frage mich: Kann es einen »wesentlich«-Superlativ geben? Gäbe es ihn zu Recht, müßte man wohl auch sämtlichste Charaktereigenschaften, eigentlichste Idealvorstellungen, innerste Überzeugungen, sterblichste Überreste oder mittlerste Begabungen und Stadtteile anerkennen. Ich bin der Ansicht, daß man derartigsten Superlativen nicht auf den Leim gehen sollte. Anders verhält es sich mit fachsprachlichem Schabernack (für Regisseur und Kameramann gibt es Positionen wie »etwas linker«, »der Rechteste« und »der Linksaußenste«) und mit volkstümlichen, sanft humoristisch akzentuierten Übertreibungen. Nur ein Beckmesser runzelt die Stirn, wenn Teenager Boxidole oder Fernsehstars als allergrößte hochrühmen. Auch verüble ich Wortadella-Fans natürlich mitnichten den Jauchzer: »Unser liebster Wortadella-Stengel ist der Allerallerliebste.«

Viertes Kapitel

HARMONIKA UND HACKEBEIL

Ausgerechnet Bahnan

Mein Vokabelangebot: Bahnan, Busan, Flugan. Na? In einem Reiseprospekt las ich diese möglicherweise sogar auf Anhieb dechiffrierbaren Wörter als Koppelware: Bahnan- und -abreise, Busan- und -abreise, Flugan- und -abreise. Genaugenommen sind solche Gebilde, weil dudengerecht, nicht zu beanstanden. Aber sind sie auch schön? Ich gestehe, daß mir der Hinweis »An- und Abreise per Bahn (Bus und Flug)« besser mundet. Ganz gewiß wären sogar solche Informationen unmißverständlich: Budapest (Bahn), Florenz (Bus), Istanbul (Flug) oder auch Karlsbad (individuell). Der Tourist, der bei Weglassung des Vermerks (hin und zurück) ins Grübeln kommt, muß wohl erst noch erfunden werden. Wäre ich ein Reisebüro, setzte ich bei Kunden auf Intelligenz. Obwohl: Es sollen ja schon Leute für immer an ihren Reisezielen hängengeblieben sein. Trotz der Buchung »Hin und zurück«.

Der »Wunk« mit dem Zaunpfahl

Bei Margarethe Schreinemakers war zu hören: Jemand habe sich verdingt. Nun wird »verdingt« vom Duden zwar nicht verteufelt, doch auch nicht gerade als hochsprachlich korrekt eingestuft. Richtig ist »verdungen«. Aber weiter: Entflechtet oder entflochten? Gewunken oder gewinkt? Frug oder fragte? Backte oder buk? Glomm oder glimmte? Ich habe das sprachlich vorzuziehende Wort jeweils an die zweite Stelle gerückt, und ich kann nur raten, vor allem die Ungetüme »frug« und »gewunken« möglichst schnell zu vergessen. Nicht alles – so ist es auf vielen Feldern des Menschenlebens – was erlaubt ist, muß schön und nachahmenswert sein. Übrigens stak ich neulich in einer sprachstilistischen Krise. Sie war im Handumdrehen behoben, als ich mich fürs grammatisch zwar umstrittene, aber eben vernünftigere Wort »steckte« entschied.

Bratskartoffeln

Wo und wann immer mir mündlich, geschrieben oder gedruckt der *SCHADENSERSATZ* begegnet, muß ich an die im Komik-Bereich wuchernden Vokabeln Metersmaß, Ladensschluß, Werkstätige, Sportsfreund, Windsmühlen, Baumskuchen, Feuerslöscher, Brotsbeutel, Handswerker, Notsnagel,

Wortswechsel und Bratskartoffeln denken. Man komme mir nicht mit dem Duden. Abgesehen davon, daß derselbe seit der unsäglichen jüngsten Rechtschreibreform seine Monopolstellung (oder Monopolsstellung?) eingebüßt hat und Rechtschreibautorität mit Bertelsmann, Cornelsen und anderen teilen muß, hat das altehrwürdige Rechtschreib-Regelwerk immer schon gewisse Fragwürdigkeiten und Häßlichkeiten (zum Beispiel »Er lehrt mir«) großzügig toleriert. Kurz und gut: Mir ist der Schadenersatz lieber als der Schadensersatz. Am allerliebsten freilich ist mir die Befreiung von jeglichem Schadenersatz. Juristisch gesehen.

Genitiv oder Genitives?

Das Zeitungsfoto, darstellend die Musiker der Vogtland-Philharmonie Greiz/Reichenbach, entstand, wie die Bildunterschrift verrät, »während eines Konzertes« in Greiz. Konzertes? Gelegentlich des gestrigen Abendbrotes ging es mir durch den Kopf: Ist der verlängerte Genitiv (Konzertes oder Konzerts) nicht eigentlich des Wahnsinnes kesse Beute? Soll es so weit kommen, daß wir beim Arzneiempfang eines Rezeptes bedürfen, daß wir des Stadtparkes gepflegten Rasen durch Wegwerfen irgendwelchen Schmutzpapieres verunzieren? Nie und nimmer! Derartige Genitive klingen tatsächlich bescheuert: des Schulhortes, des Totschlages, des Raubmordes, des Jammertales oder des Kammertones. Apropos Ton! Goethe tönte wohlklingend: »Ich bin des trocknen Tons nun satt!« Eines weiteren Zitates oder Kommentares bedarf's wohl nicht.

Widerwürdiges

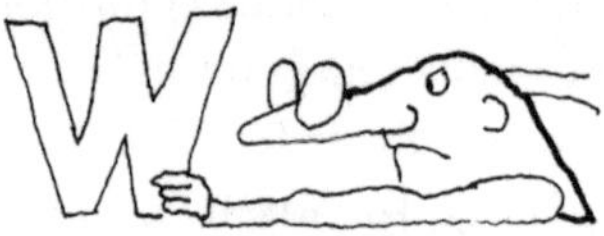

Nicht alle von Sprachkundigen akzeptierten Wörter und Wendungen sind deshalb auch ästhetisch schätzenswert. Besonders häufiger Einsatz des Hilfszeitworts »würde« verhäßlicht (außer im Passiv) die Sprache über alle Maßen. Das waren noch Zeiten, als man Luther-Deutsch sprach und zitierte: »Was hülfe es dem Menschen, wenn er die ganze Welt gewönne und nähme doch Schaden an seiner Seele!« Viele Konjunktive klingen heutzutage freilich derart antiquiert (»Wenn ich ihn kennte …«, »Ich führe lieber mit der Eisenbahn als mit dem Auto«, »Am Südpol gefröre ich zum Eisblock!«), daß man wohl oder übel zur »würde«-Krücke greifen muß. Schleierhaft indessen ist und bleibt mir der verbale Einsatz von würde sein (statt wäre), würde haben (statt hätte), würde tun (statt täte), würde kommen (statt käme), würde denken (statt dächte) und würde gehen (statt ginge). Keinesfalls würde es mir leid tun, wenn Sie meinen Abscheu gegenüber vorgenannten Widerwürdigkeiten nicht teilen. Aber es täte mir leid.

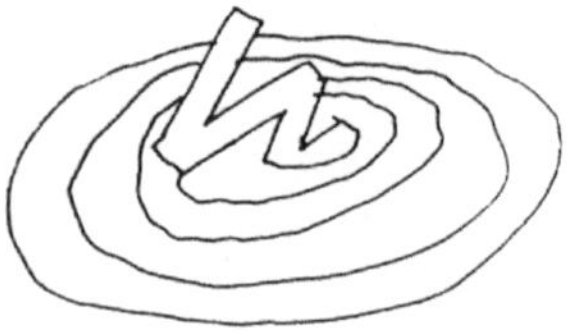

Nachtgespenster

Es gibt, nicht selten regionalüblich, Zeitangaben, bei denen man zögert, Professor Konrad Dudens Elle anzulegen. Wie und warum sollte man beispielsweise die massenhaft geschriebene oder artikulierte Wendung *EINES NACHTS* entrüstet zurückweisen mit dem Hinweis, daß die Nacht schließlich weiblich sei und nicht einfach analog zu *EINES TAGES*

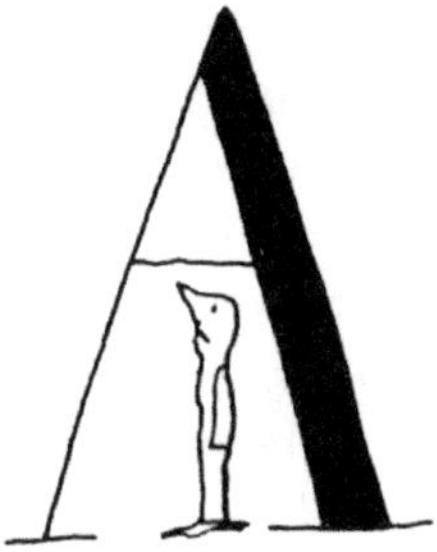

männlich dekliniert werden kann. Also: Stilistisch und grammatisch korrekt wäre *EINER NACHT*. Aber wer sagt das schon? Nur freilich: Es hätte schon sein Gutes, wenn sich Umgangs- und Hochsprachlichkeit zu einer nicht anfechtbaren Wendung verbänden: Statt »eines Nachts« könnte man »in einer Nacht«, »nachts«, »Einmal in der Nacht« usw. formulieren. Oder kennen Sie *DIE GANZEN JAHRE*? Haben uns Dichter nicht gelehrt, daß es *ALLE JAHRE* heißt? Wie abscheulich klänge das auch: »Die ganzen Jahre wieder kommt das Christuskind«? Weiter: *AM NÄCHSTEN FRÜH*. Oder: *FRÜHS*. Klingt ja ganz putzig und thüringisch zumal. Der Knüller aber: *ÜBERNÄCHTIGT*. Bei dieser Fehlbildung hat man offenbar zu sehr an *ÜBERNACHTET* gedacht. Wenn jedoch tatsächlich mal Sie oder Sie eine schlaflose Nacht hinter sich haben, dann sind Sie *ÜBERNÄCHTIG*. Mit dem Akzent auf *ÜBER* und ohne *T* am Schluß. Guten Tag!

Barkeeper

Ein Subjekt (meist ein lebendiges, immer aber ein intelligentes oder technisch optimales) ist -fähig, ein Objekt allenfalls -bar. Parteien sind verhandlungsfähig, der Vertrag selber ist verhandelbar. Ein Gebäude ist sanierbar. Das Möbelhaus ist lieferfähig, die Ware lieferbar. Der Schuldner ist (nicht) zahlungsfähig, der Schuldbetrag ist zahlbar. Ganz einfach? Offensichtlich nicht. Neulich unterstellte mein Steuerberater meinen Autoreparaturkosten buchhalterisches Talent: »Diese hundertfünfzig Mark sind abzugsfähig!« – »Sind sie genaugenommen nicht abzieh- oder absetzbar?« brummelte ich. »Oder so«, räumte mein Finanzadvokat ein. Im stillen wird er sich gesagt haben: »Stengels Spitzfindigkeiten sind nicht akzeptionsfähig!« Es fiel ihm nicht im Traum ein, sie für unannehmbar oder meinetwegen inakzeptabel zu halten.

Schein und Sein

Aus purer Höflichkeit verrate ich nicht, in welcher Ostthüringer Zeitung der Satz eines Fernsehkritikers gestanden hat: »Es schien, als wäre sogar die TV-Waschmaschine ab der Halbzeit vom Strom abgeschaltet worden. Der anfängliche starke Sportfaden zerriß …« Falscher ist die vom Autor angestrebte Aussage kaum zu formulieren. Erstens: Die Sonne scheint. Der Mond scheint. Oder: Die Sonne schien hell. Der Mond schien mickrig. Aber: Eine Waschmaschine scheint nicht. Schon gar nicht abgeschaltet. Allenfalls erscheint eine Waschmaschine abgeschaltet oder sie scheint abgeschaltet worden zu sein, denn das Hilfszeitwort *SCHEINEN* hat nichts mit dem strahlenden Tätigkeitswort *SCHEINEN* zu tun. Zweitens: »Es schien, als wäre …« Mögliche stilistisch vertretbare Formulierung: »Mir kam es vor, als sei …« Der Konjunktiv der Gegenwart, sofern er als Konjunktiv erkennbar ist, sollte dem Konjunktiv des Imperfekts vorgezogen werden. Drittens: Ein unbegründetes Komma sowie »anfängliche« statt »anfänglich« und schließlich Kursbuch-Deutsch (»ab der Halbzeit«) machen das Kauderwelsch komplett. Und so hätte ein einigermaßen vernünftiger TV-Kurzkritik-Satz lauten können: »Mir kam es so vor, als sei sogar die TV-Waschmaschine nach der Halbzeit abgeschaltet worden. Der anfänglich dicke Sportfaden zerriß …«

Meine werte Alte

Wann ist die Ehefrau Gattin (Frau Gemahlin), wann der Ehemann Gatte (Herr Gemahl)? Ich will mir die Antwort nicht zu leicht machen, aber ich rate: Am besten streichen Sie die Gattin, die Frau Gemahlin, den Gatten und den Herrn Gemahl samt und sonders aus Ihrem Sprachschatz. Denn: Nur bei hochprotokollarischen Anlässen auf Diplomaten-Niveau sowie im Dunstkreis feudalaristokratischer Veranstaltungen – lauter Staats- und Husarenstreiche also, zu denen Sterbliche keinen Zugang haben – eskalieren Frauen zu Gattinnen und Männer zu Gatten. An der Schwelle des zweiten Jahrtausends sind wir jedenfalls nicht mehr verpflichtet, alte Zöpfe zu pflegen und zu mumifizieren. Aber auch dann, wenn Sie

als unverbesserlicher Snob an prähistorischen Ritualen festhalten, sollten Sie sich davor hüten, Ihre eigene Ehefrau als Gattin oder Ihren personengebundenen Ehemann als Gatten vorzustellen. Es verstieß nämlich schon früher gegen Knigges Anstandskatalog, sich selber mit Höflichkeitsprädikaten zu garnieren. Noch eines: Verstricken Sie sich bei päpstlicher Sonderaudienz in servilem Übereifer nicht in floskelnde Lächerlichkeit: »Ich darf Sie, Heiliger Vater, herzlich grüßen von meiner werten Gattin und Sie bitten, auch Ihrer werten Frau Gemahlin Grüße auszurichten!«

Sonnige Gemüter

Es ist für einen Senior deprimierend, erfahren und erkennen zu müssen, daß er lebenslang ein widersinniges (und im Duden mit Recht nicht registriertes) Wort immer mal wieder in die Debatte geworfen hat: wohlgesonnen. Hand aufs Herz: Gehören nicht auch Sie zur Gemeinde der Wohlgesonnenen, und sind Ihrem Mund nicht schon Sätze entfleucht wie: »Der Karl? Der kann mich nicht denunziert haben. Der ist mir wohlgesonnen!«, »Wir sind unseren Nachbarn wohlgesonnen, denn es sind nette, hilfsbereite Leute!« und »Der Richter war mir wohlgesonnen, weil ich nichts verschwiegen oder beschönigt habe!« Nun also: Gesonnen hat ähnliche Bedeutung wie geneigt, willens, entschlossen. Das alles hat nicht das geringste mit einer Gesinnung zu tun, die ja bei »wohlgesonnen« eigenschaftswörtlich ausgedrückt werden soll. Und jetzt formulieren wir mal ohne weitere Umschweife einen untadligen Satz: »Ich bin durchaus (sehr wohl) gesonnen, meiner Nichte Hannelore ein schönes Hochzeitsgeschenk zu machen, denn wir sind uns wohlgesinnt!« Und bitte daran denken: Für Fehlerkorrekturen ist es im Altenheim nie zu spät.

Schilder-Kröten

Der Journalist Heinz Busse in Berlin-Biesdorf hat kein schlechtes Gewissen, wenn er in eine Straße hineinfährt, deren Fahrverbotsschild mit dem Hinweis *AUSSER BUSSE* versehen ist. In der Tat ist Busse Nutznießer eines Sprach-

regelverstoßes. Die Verfasser dieser und ähnlich törichter Verkehrsschild-Formulierungen sollten allesamt zu einer Deutschlektion verurteilt werden, die alte Schulweisheit wiederbelebt, nämlich: *AUSSER BUSSE*, *AUSSER KRANKENFAHRZEUGE*, *AUSSER FAHRRÄDER*, *AUSSER FUSSGÄNGER* – alles falsch, weil die Präposition *AUSSER* nach dem Dativ lechzt. Sogar verkehrspolizeilich. Wenn sich hartnäckige Sprach- und Schreibsünder jedoch partout nicht bewegen lassen, endlich *AUSSER BUSSEN, AUSSER KRANKENFAHRZEUGEN, AUSSER FAHRRÄDERN* und *AUSSER FUSSGÄNGERN* auf die Verkehrsschilder zu pinseln, biete ich einen Kompromiß an, der traditionelle Falschformulierungen durch Einfügung des Wörtchens *FÜR* tilgt: *AUSSER FÜR BUSSE, AUSSER FÜR KRANKENFAHRZEUGE, AUSSER FÜR FAHRRÄDER, AUSSER FÜR FUSSGÄNGER.* Man sieht: Es stehen zur Korrektur zwei Möglichkeiten im Verkehrssprachbereich zur Verfügung – außer Sturköpfe.

Substantivitis (I)

Gut: *WIR HABEN UNS ANGESTRENGT.* Ziemlich gut: *WIR HABEN ANSTRENGUNGEN GEMACHT.* Schlecht: *WIR HABEN ANSTRENGUNGEN UNTERNOMMEN.* Gut: *ICH HABE VERSUCHT.* Ziemlich gut: *ICH HABE DEN VERSUCH GEMACHT.* Schlecht: *ICH HABE DEN VERSUCH UNTERNOMMEN.* Gut: *WIR WAREN VERREIST.* Auch gut: *WIR HABEN EINE REISE GEMACHT.* Gestelzt: *WIR HABEN EINE REISE UNTERNOMMEN.* Gut: *ICH WAR EINKAUFEN.* Leidlich gut: *ICH HABE EINKÄUFE GEMACHT.* Schlecht: *ICH HABE EINKÄUFE GETÄTIGT.* Es geht mir darum: Je mehr Substantiv-Vermeidung, um so besser. Wenn es aber schon geboten erscheint, eine hauptwörtliche Fügung zu benutzen, halte man sich an alltägliche Wendungen und vermeide Sprachzierat. Gut: *WIR HABEN GEPLANT.* Weniger gut: *WIR HABEN EINEN PLAN GEMACHT.* Scheußlich: *WIR HABEN EINEN PLAN ERSTELLT.* Gut: *WIR MUSIZIEREN.* Weniger gut: *WIR MACHEN MUSIK.* Abscheulich: *WIR ÜBEN MUSIK AUS.* Keine übertriebene Angst vorm Verb *MA-*

chen, wenn sein Gebrauch üblich ist. In diesem Sinne, lieber Wortadella-Freund, perfektioniere die gestellte Aufgabe optimal – nein: *Mach's gut!*

Substantivitis (II)

»Wir haben«, verriet mir der stolze Intendant, »sogar Lessings ›Minna von Barnhelm‹ zur Aufführung gebracht!« – »Aha«, staunte ich, »nicht also nur aufgeführt!« – »Wie bitte?« stutzte der Intendant. »Schon gut«, winkte ich ab, »ich habe da nur so eine Feststellung getroffen beziehungsweise Bemerkung gemacht, um nicht simpel feststellen oder bemerken zu sagen.« Der kluge Wortadella-Leser wird sich mit mir oft über die blasierte Substantivitis ärgern: Zur Aufführung gebracht (statt aufgeführt), Feststellung getroffen

(statt festgestellt), in Betracht ziehen (statt erwägen), Beifall spenden (statt applaudieren), den Kaufpreis entrichten (statt bezahlen), eine Reise unternehmen (statt verreisen), Unterricht erteilen (statt unterrichten), ein Geständnis ablegen (statt gestehen), ein Referat halten (statt referieren), Protest einlegen (statt protestieren), ein Studium absolvieren (statt studieren). Doppelt häßlich ist dieses ominöse Unterbeweisstellen statt beweisen, denn das eine hat mit dem andern sinngemäß nichts zu tun. Nur im Gerichtssaal stellt der Anwalt mit einem Beweisangebot etwas »unter Beweis«. Wer sich aber im Alltag juristisch-terminologisch äußert, beweist sprachliche Ignoranz. Die bedarf keiner Unterbeweisstellung.

Keine Enteigentlichung

Eigentlich ist *EIGENTLICH* kein schlechtes Wort. Ich weiß eigentlich nicht, warum Dutzende Philologen, Germanisten, Studienräte und sonstige Sprachexperten eine Vokabel auf den Index gesetzt haben, die, in angemessenen Zusammenhängen und Frequenzen angewandt, unsere Sprache bereichert: eigentlich. »Eigentlich wartet auf mich ein neuer Termin, aber wir sollten unser Gespräch in Ruhe und mit einem möglichst positiven Resultat zu Ende führen!« – »Eigentlich parken Sie, Herr Kraftfahrer, vorschriftswidrig, aber weil Sie sich nur fünf Minuten vom Fahrzeug entfernt haben, will ich

mal ein Auge (des Gesetzes) zudrücken!« – »Eigentlich ist die Bürosprechstunde beendet, aber wenn Sie nun schon mal hier sind …« Ist *EIGENTLICH* nicht in Wahrheit ein brauchbares, mehr noch: ein gutes und menschliches Wort, das eigentlich unserem Verständnis sowohl für den Nachbar als auch für den Rivalen oder gar unserem Widersacher weiteste Spielräume der Toleranz erschließt? Freilich: Wer sein Leben und den Umgang mit dem Mitmenschen nur nach gesetzbuchstäblichen juristischen und moralischen Normen einrichtet, der kann von der Wiege bis zur Bahre auf jeden Eigentlich-Gebrauch eigentlich verzichten. Die Frage ist nur: Ist der uneigentliche Erdenbürger eigentlich glücklich?

Schön geredet

Wie man so schön sagt. Auf deutsch gesagt. Ehrlich gesagt. Einschiebsel, Vorschiebsel, Nachschiebsel, die sich bei genauerer Betrachtung oft als leeres Stroh erweisen. Schön und gut: Wer einem zu teutonisch geratenen Kraftausdruck einen Löffel Weichspüler hinzufügen möchte, der darf schon mal Versöhnung andeuten: »Du bist ein Sauhund – auf deutsch gesagt!« Oder wer tatsächlich etwas Witzähnliches, eine Schnurre oder ein hinlänglich geistreiches Bonmot auf der Pfanne hat, dem muß erlaubt sein, eine Schönaussage augenblinzelnd einzufügen: »Er ist ein pflanzenfreundlicher Bürgermeister. Er reißt, wie man so schön sagt, keine Bäume aus!« In den meisten Sprachfällen, besser: bei den meisten Sprachunfällen enthüllen sich Schön-, Deutsch- und Ehrlichgesagtes jedoch als Gesülze. Ein Fußballspieler nach dem Match: »Als wir, wie man so schön sagt, den Spieß umdrehen wollten, was uns ehrlich gesagt nicht leicht gefallen ist, hat mir der Linksverteidiger von Grünweiß die Beine weggehauen, auf deutsch gesagt ...« Offen gesagt: Unsäglich!

Ohne Kommentaren

Falsche Singular-Genitive, -Dative und -Akkusative bei den aus dem Lateinischen übernommenen -or-Wörtern (Autor, Professor, Motor, Sponsor, Kantor, Senator, Doktor, Diktator usw.) habe ich als Korrektor bis zum psychischen Terror massiv und oft angeprangert. Nur noch einmal für Sieb-Gedächtnisse: Alle diese Wörter sind im Nominativ, Dativ und Akkusativ des Singulars gleich und ungebeugt. Nur im Genitiv ist ein s-Schwänzchen vonnöten (des Autors, des Professors, des Motors, des Doktors). Es gibt also weder den Senatoren noch den finanziellen Zuschuß des Sponsoren, noch ist die Qualität des Chors dem Kantoren zu danken. Es schmeichelt mir nicht besonders, wenn man mich als hervorragenden Kinderbuch-Autoren preist und (soweit kommt's noch!) meinen Humoren rühmt. Nun aber ist ein neues Deklinations-Mißverständnis unaufhaltsam auf dem Vormarsch. Anläßlich des 60. Geburtstages des ruhmreichen Sängers Udo Jürgens las ich in einer thüringischen Zeitung die Bildunterschrift: »Mehr als 70 Konzerte stehen auf dem Terminkalender des bekannten Jubilaren.« Die Deklinationssünden bei -or-Wörtern werden nun also (und leider zunehmend) auch auf -ar-Wörter (wie Notar, Referendar, Vikar, Justitiar, Kommissar usw.) ausgedehnt. Soll ich dazu noch einen Kommentaren beisteuern? Nicht mal für einen Dollaren!

Zöger(lächer)lich

So wahr es ist, daß Sprache kein stehendes Gewässer, sondern reißender Fluß ist, so gewiß sollten wir scheinbaren vokabularen Neuigkeiten mit Mißtrauen begegnen. Nur mürrisch nehme ich zur Kenntnis, daß dem Wort *ZÖGERLICH* (einer Schöpfung der späten 70er Jahre) der Vorzug vor zögernd, bedächtig, gemächlich, trödlig, hinhaltend, aufschie-

bend, saumselig gegeben wird. Ich erkläre: Zögerlich ist keine Wortschatz-Bereicherung, sondern eine peinliche Entgleisung. Wer Ohren hat, empfindet jegliche Zögerlichkeit ähnlich krampfig und überflüssig wie die Dreier-Errungenschaft im Vorfeld, im vorhinein und im nachhinein. Ich setze die Wörter vorher und nachher dagegen. Auch wenn man mich belächelt und im vorhinein einen Dinosaurier schimpft.

Ung-arisch

Warum nur, warum muß ich dieses Wort immer und immer wieder hören und lesen: »Denkungsart«? Schiller jedenfalls ist nicht Urheber dieser Verballhornung. Die »Milch der frommen Denkart« hatte mit Denkungsart nicht das geringste zu tun. Überhaupt: Wie hat sich dieses fatale »ung« nur in die Sprache eingeschlichen? Die Art, wie einer sein Auto lenkt, wie einer Geschenke macht, wie einer die Pferde tränkt, wie jemand (aus Übermut?) sein Motorboot versenkt, wie eine Wahlkämpferin für den Kanzler ihr Fähnchen schwenkt – das alles könnte hauptwörtlich zu Lenkart, Schenkart, Tränkart, Versenkart oder Schwenkart führen, nicht aber doch bitte zu Lenkungsart, Schenkungsart, Tränkungsart, Versenkungsart oder Schwenkungsart. Es sei denn, wir entschließen uns, das unsinnige »ung« ganz allgemein bei Verdinglichung von Tätigkeitswörtern einzuführen. Dann hätten wir die Sprechungsart, die Schreibungsart, die Essungsart, die Liebungsart und alle Spielungsarten der ung-Epidemie. Ob uns der damit verbundene ung-Bonus schon zu wasch- und paprikaechten Ungarn qualifiziert, ist zweifelhaft.

Wohl bekomm's

Nicht alles sprachlich Reguläre ist auch schön. Zeitungsmeldung: »Wolf Biermann soll den Heinepreis verliehen bekommen.« Verliehen bekommen? Geschenkt bekommen? Ausgehändigt bekommen? Überwiesen bekommen? Erstattet bekommen?
Bitte nicht. »Bekommen« ist eine der häßlichsten Zeitwort-Krücken. Als autonomes Zeitwort kann man »bekommen« gelten lassen: »Er bekam einen Hustenanfall«, »Sie wird ein Kind bekommen« oder auch »Wolf Biermann soll den Heinepreis bekommen« (besser allerdings: »Wolf Biermann soll der Heinepreis verliehen werden«). Haben Sie mitbekommen, worauf ich hinauswill? »Bekommen«, »erhalten« – sie taugen nicht als Hilfszeitwörter. Die Nachricht »Der Kraftfahrer F. erhielt den Führerschein weggenommen« ist zwar ein extremes Beispiel für Sprachbeschädigung, aber ganz all-

gemein wird viel zu viel und viel zu oft bekommen und erhalten. Mein neuer Schlips erregte Aufsehen. Ich verriet den Neugierigen: »Den habe ich zum Geburtstag geschenkt ausgehändigt bekommen erhalten gekriegt!« Oder hätte ich schlicht und unschelmisch antworten sollen: »Ein Geburtstagsgeschenk«?

Wieghalsig

Viele hätten sich »in Sicherheit gewogen«, beschrieb ein Fernsehkorrespondent im Januar 1995 Gefühl und Denkart der Einwohner im Katastrophen-Standort Kobe. Diese Formulierung ist nicht korrekt. In Wahrheit haben sich viele Erdbebenopfer bis zum Einsturz ihrer Häuser in Sicherheit gewiegt. Gewogen und zu leicht befunden – bei einer Gewichtsüberprüfung also sind wiegen-wog-gewogen schon richtig, aber wenn wir die Wiege vor Augen haben, ist an das Dreigespann wiegen-wiegte-gewiegt zu denken. Weil auch, beispielsweise, worauf ich schon früher hingewiesen habe, viele Sprecher und Schreiber die Terzette schleifen-schliff-geschliffen und schleifen-schleifte-geschleift nicht auseinanderhalten können, liest und hört man immer wieder mal von »geschliffenen Burgen«. Seltener zum Glück freilich von geschleiften Diamanten. Und schließlich: »Ich habe meinen Mantel im Flur aufgehangen« oder »Der Radler hat seine Verfolger abgehangen«. – Da kreischt's gewaltig im Sprachgetriebe, ohne daß es allerdings gekrischen hat.

Brando halbundhalb

Wissen Sie schon, auf welche Weise ein zu zehn Jahren Zuchthaus verdonnerter Mörder fünfjährige Einsparung des Freiheitsentzugs erschleichen kann? Ich weiß es. Aus dem kalifornischen San Luis Obisco wurde der Grund für die Halbierung der Strafverbüßungsfrist eines prominenten Delinquenten gemeldet: »Er machte nicht nur das Abitur nach, sondern beeindruckte die Gefängnisleitung auch mit intensivem Bibel-Studium.« Weil wir es in der *WORTADELLA* weniger mit Politik, Religion und Ideologie als mit Sprache zu tun haben, soll uns hier nicht so sehr die Straftat Christian Brandos (Sohn des Weltstars Marlon Brando) und dessen vorzeitige Entlassung aus dem Knast wie der Wortlaut des Begnadigungs-Beschlusses interessieren: »... beeindruckte die Gefängnisleitung mit intensivem Bibel-Studium.« Wie intensiv studierte Brando? Wie jeglicher Zeuge Jehovas? Wie Papst

Johannes? Wie Eugen Drewermann? Wie Martin Luther gar? Was ist das überhaupt, »intensives Bibel-Studium«? Kann Brando jetzt die Bergpredigt auswendig oder gar das Gebot »Du sollst nicht töten«? Fragen über Fragen. Wie auch immer: Die beeindruckte Gefängnisleitung beeindruckt mich. Gern möchte ich, sollte ich mal gemordet haben, in ihre Fänge geraten und wegen intensiven Studiums zur Halbzeit auf freien Fuß gesetzt werden. Allerdings: Gilt studentischer Eifer nur bei Gottes Wort? Oder auch für das Wort von Marx, Gorki und Brecht?

Dada dadermit

»Da kann ich mich nicht mehr dran erinnern!« sagte Brunhilde, und ich erwiderte boshaft doppelzüngig: »Da kannst du dich vor Gericht nicht drauf berufen!« Solche zwiegenähten Aussagen (weitere Beispiele: »Da sind wir noch einmal davongekommen«, »Da bin ich dafür«, »Da ist er grundsätzlich dagegen«, »Da kann ich nichts damit anfangen!«) deuten auf einen Dadaismus, der die Aussage-Geschmeidigkeit bremst. Nicht viel günstiger ist das Sprachresultat, wenn Dopplung zwar vermieden wird, aber ungeschickte Wortzerreißung stattfindet: »Da hab' ich nichts von!«, »Da haben wir nichts mit zu tun«, »Ich nehme da keine Stellung zu!« und »Da steckt nicht viel hinter!« Möglich, daß mein Greizer Freund Albin achselzuckend protestiert: »Mit so einer Lektion, dadermit kann ich nichts anfangen!« Nun ja: Etwas deutscher könnte Albin schon nörgeln.

Fünftes Kapitel

BEZIEHUNGSKISTEN

Beziehungsweisheiten

Die meisten Deutschen glauben ohne die nebulose Vokabel *BEZIEHUNGSWEISE* nicht auskommen zu können, bis man sie zu dem Test überredet, wenigstens mal für einen Tag ganz bewußt auf deren sprachlichen Einsatz zu verzichten. Plötzlich merken sie: *BEZIEHUNGSWEISE* ist ein Blinddarm. Alles das brauchen wir nicht: »Ein' feste Burg ist unser Gott beziehungsweise ein' gute Wehr und Waffen«, »Wir nehmen Abschied von unserer lieben Mutter beziehungsweise Schwiegermutter beziehungsweise Oma beziehungsweise Uroma«, »Im Namen des Vaters beziehungsweise des Sohnes beziehungsweise des heiligen Geistes«, »Alle Vögel sind schon da beziehungsweise Amsel, Drossel, Fink und Star«. Da geht einem doch tatsächlich beziehungsweise effektiv die Luft aus beziehungsweise der Hut hoch. Und sollte Ihnen auch heute wieder einer mit diesem stupiden *BEZIEHUNGSWEISE* ins Gespräch fallen beziehungsweise trampeln, sagen Sie ihm, er könne Sie mal diagonal beziehungsweise kreuzweise.

Schreckschüsse

Zeitungsmeldung: »In Sibirien hat ein Bär einen Jäger, der in seine Höhle schaute, so sehr angebrummt, daß der Mann sich zu Tode erschrak ...« Mein Deutschlehrer hätte diesen Satz lakonisch so kommentiert: »Na, wenn der Jäger schon vom

Bär erschreckt wurde und daraufhin erschrak – wozu mußte der Mann sich dann noch zusätzlich selber erschrecken?« Klartext: »sich erschrecken« kommt nur in Masochisten-Zirkeln vor. Übrigens ist die Neigung, Reflexivpronomen (rückbezügliche Fürwörter) auch dort und dann zu setzen, wo sie

nicht hingehören, weitverbreitet. Unser teurer Finanzminister Theo Waigel zum Beispiel begnügt sich nicht mit der Hoffnung, Gutes vom Sparpaket zu erwarten, sondern er unternimmt reflexiv mehr, als etwas zu erwarten: Er erwartet sich etwas. Aber bei bayrischen Sprachvariationen sollte man nicht preußisch-sächsisch pingelig sein. Schließlich machen Norddeutsche das überflüssige bayerische »sich« wieder wett, indem sie »sich« dort einsparen, wo es nach den Regeln hingehört. Mein Hamburger Freund Uwe G. erinnert sich nicht, sondern er erinnert.

Origorositäten

Und immer mal wieder eine dieser ominösen Zeitungsbild-Unterschriften, die mich, zumal sie meine Heimatstadt Greiz betrifft, grübeln läßt: »Im Zuge der kostenaufwendigen Dachkonstruktion des Oberen Schlosses in Greiz wurden gestern drei originalgetreue Wasserspeier angepaßt. Bereits im Januar wurden drei Wasserspeier von den Klempnern der Greizer Stadtverwaltung angefertigt, die allerdings nicht dem Original entsprachen.« Nun sind Klempner, die nicht dem Original entsprechen, allenfalls einem oberflächlichen Filmregisseur anzulasten, der sich bei der Wahl von Klempner-Doubles vertan hat. Aber das wirkliche Gebrechen unseres Wasserspeier-Satzes ist natürlich die falsche Wortstellung. Wasserspeier und Klempner hätten schlicht vertauscht werden müssen – so: »... wurden von den Klempnern der Grei-

zer Stadtverwaltung drei Wasserspeier angefertigt, die allerdings nicht dem Original entsprachen.« Merke: Das Relativpronomen bezieht sich immer auf das vorausgehende zum Geschlecht des Relativpronomens passende Hauptwort. Solche Sätze wie »Die Arbeitslosigkeit in der Bundesrepublik, die es zu beseitigen gilt ...« sind eine Kriegserklärung und kein löbliches Regierungsprogramm.

Blüten und Krabben

Neulich in der beliebten Kinderfernsehsendung Sesamstraße: »Die kleinen Krabben kippen die Fischer zurück ins Meer ...« Dann die Zeitungsschlagzeile: »Sechzigtausend Hundertmarkblüten haben Polizeibeamte sichergestellt ...« Es ist die alte journalistische Laxheit, bei der sich die berühmte Lenin-Frage mit freilich ganz anderem Akzent stellt: *WER WEN?* Weil stilblütentreibende Krabben- und Falschgeldsätze in den Medien und natürlich erst recht im Alltagssprechverkehr fröhliche Urständ feiern, frage ich mich von Formulierungsunfall zu Unfall: Warum bedienen sich Satzbildner bei Aussagen, die eine Verwechslung von Subjekt und Objekt begünstigen, nicht vorbeugend des Passivs (deutsch: der Leideform)? In der Sesamstraße sollte selbstverständlich von Fischern die Rede sein, die kleine Krabben

ins Meer zurückkippen. Der Texter wollte, was jeder versteht, die kleinen Krabben (das Objekt also) an den Satzanfang stellen. Schön und gut. Aber: Aktivisch muß so ein Satz (siehe oben) ins Auge und den Fischern ans Leben gehen: Krabben kippen Fischer ins Meer! Im Passiv wäre alles gut gegangen, nämlich: »Die kleinen Krabben werden von Fischern zurück ins Meer gekippt.« Ja – und die Meldung »Sechzigtausend Hundertmarkblüten wurden von Polizeibeamten sichergestellt« wäre ebenfalls nicht zu beanstanden. Komik der oben beschriebenen Art gibt es schon in Volksliedern. Jeder kennt: »Apfel, Nuß und Mandelkern essen kleine Kinder gern!« Auch hier könnte man fragen WER WEN? Aber weil es über Jahrhunderte keinem Apfel, keiner Nuß und keinem Mandelkern je eingefallen ist, kleine Kinder zu verspeisen, sollte man nostalgisch respektvoll davon absehen, am überlieferten Text herumzukritteln.

Um zu

Der Berliner-Morgenpost-Satz »Wie vom Blitz getroffen sackt der Autor in seinem Sessel zusammen, um anschließend pfeilschnell aufzuspringen und das Mikrofon zu ergreifen ...« wäre als Bestandteil der humoristischen Literatur schön und unanfechtbar. Weil der BM-Journalist jedoch, wie er versicherte, nicht auf Komik aus war, erinnert sein Satz etwa an die Stilblütenformulierung »Er fuhr als Urlauber nach Spanien, um dort drei Tage nach seiner Ankunft beim Baden zu ertrinken« oder »Er brach in eine Sparkasse ein, um dort beim Aufbrechen des Safes von der Polizei festgenommen zu werden« oder »Er setzte in Monte Carlo sein ganzes Vermögen auf Schwarz, um alles zu verlieren«. Was soll ich noch erklären! Jeder gewitzte Wortadellist weiß, daß »um zu« eine Absicht voraussetzt und nur bei angestrebtem komischen Effekt eine unbeabsichtigte Folgeerscheinung ankündigt. Etwa so: Ich schrieb diese Sprachglosse, um von den Lesern gründlich mißverstanden zu werden.

Verkohlt

»Neues Deutschland« bescherte den Lesern am Heiligabend feinfühlig einen stimmungsvoll-makabren Weihnachtshorror: »Eine teilweise verkohlte Leiche hat die Feuerwehr nach dem Löschen eines Wohnungsbrands in Guben gefunden.« Da sieht man mal wieder, wozu sogar eine teilweise verkohlte Leiche fähig ist: zum Aufspüren der Feuerwehr. Da allerdings angesichts tausendjähriger medizinischer Erfahrung Leichen weder zu Suchaktionen noch zum Einnehmen irgendwelcher Fundsachen taugen, muß geargwöhnt werden, daß die Leiche tatsächlich nicht verkohlt war, sondern verkohlt worden ist. Teilweise von der Gubener Feuerwehr und teilweise vom Nachrichten-Großhandelskontor ADN.

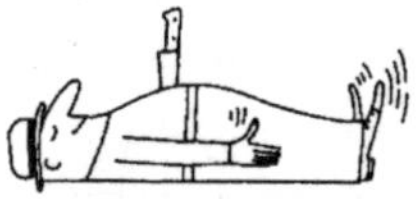

Kinderei

»Schon als Kind«, so beschrieb Franziska neulich historisches Ärgernis, »hat mich Helmutferdinand immer verprügelt!« – »Wer«, unterbrach ich Franziska skeptisch, »war denn nun das Kind – du oder Helmutferdinand?« – »Wir beide natürlich«, entgegnete Franziska unwirsch, »ich habe mich ja wohl klar ausgedrückt!« – »Hast du eben nicht!« korrigierte ich Franziska. »Du hättest, um keine Zweifel aufkommen zu lassen, besser sagen sollen: ›Schon während unserer Kindheit hat mich Helmutferdinand …‹« – »Kleinlich!« nörgelte Franziska. »In dem von dir formulierten Satz«, widersprach ich hartnäckig, »könnte Helmutferdinand zur Tatzeit selber Kind, aber auch ein Erwachsener, vielleicht dein Onkel, gewesen sein, zumal nicht exakt zum Ausdruck kommt, ob vom Kind Franziska oder von einem Attentäter-Kind die Rede ist!« – »Kindisch!« kappte Franziska das Gespräch. Vielleicht bin ich wirklich zu pingelig. Aber auf die Gefahr hin, daß Sie

mich verprügeln, sage ich: Ohne das Prügelkind mit dem Bade ausschütten zu wollen, muß man als Vergangenheits-Berichterstatter grundsätzlich das Kind beim Namen nennen: Helmutferdinand oder Franziska oder Müller oder was?

Echsitus

Ein Boulevardblatt meldete am 9. Mai 1996: »5 Mädchen im Urlaub – eines fraß das Krokodil.« Nun sind unglückliche journalistische Subjekt-Objekt-Rochaden zwar an der Tagesordnung, aber das gefressene Krokodil ist eine besonders leckere amphibische Delikatesse sozusagen aus dem Presse-Reptilienfonds. Wie so oft wird sich auch bei dieser Freßorgie der Totschlagzeilen-Verfasser mit dem Krokodilemma verkürzter Überschriften entschuldigen und geltend machen, daß etwa die unmißverständliche Formulierung »5 Mädchen im Urlaub – eins wurde vom Krokodil gefressen« dreiunddreißig gegen zweiundzwanzig Buchstaben benötigt hätte. Eine kümmerliche Ausrede! Warum beispielsweise

nicht so: »5 Mädchen im Urlaub – Krokodil fraß Laura«. Man erfährt nämlich in der makabren Meldung, daß es sich bei dem Horror-Opfer um Laura handelte. Überhaupt: Platzmangel kann kein stichhaltiges Argument für die unaufhörliche Züchtung immer neuer Stilblüten sein. Gewiß, wir brauchen blühende Landschaften, aber keine stilblühenden.

Guinness-Stöckigt

»Berliner Kurier«: »Der Klaviervirtuose Professor Stöckigt gibt morgen im Bürgerhaus Grünau an der Regattastraße 141 Proben seiner Kunst …« Ich kenne und schätze meinen mitvogtländischen Kollegen und weiß, daß er in einem vor zehn Jahren von Hans-Joachim Wolfram inszenierten Wettbewerb einen Tempoweltrekord beim Herunterspielen des Chopinschen Minutenwalzers erzielte. Aber 141 Klavierstücke an einem einzigen Konzertabend traue ich dem pianistischen Sprinter denn doch nicht zu. Ich höre schon die »Kurier«-Journalisten: Bei Verkürzung sei eben das Wuchern von Stilblüten unvermeidlich, und man bedenke und begreife, und man solle endlich … Kokolores! Ich biete zwei eindeutige Formulierungen an: »… gibt morgen im Bürgerhaus Grünau, Regattastraße 141, Proben seiner Kunst …« und »… gibt morgen Proben seiner Kunst im Bürgerhaus Grünau an der Regattastraße 141 …« Man darf den Experten der schreibenden Kunst nicht alles durchgehen lassen, auch dann nicht, wenn sie auf dem Standpunkt beharren, daß Sprache und Stil journalistischer Pflege so wenig bedürfen wie das Stachelschwein der Heckenschere.

Über den Tod hinaus

Eines Spätsommertages alarmierte die »Berliner Zeitung« ihre Leser: *GEMÄLDE VON CRANACH GERAUBT*. Das war ja nun in der Tat eine Sensation, die als gefundenes schlagzeilenfettes Fressen eher zum kulinarischen Repertoire der Boulevardpresse als in den Feuilleton-Teil eines seriösen Hauptstadtblatts paßt. *GEMÄLDE VON CRANACH GERAUBT*. Bis zum 25. August 1992 ahnte niemand, daß Cranach nicht nur ein bedeutender Maler war, sondern als aktueller Gemäldedieb im Kreis Langensalza sein Unwesen treibt. Oder? Mir fällt auch eine Zeitungsmeldung ein, welche uns darüber informierte,

daß Briefe von Einstein versteigert wurden. Und jetzt mal ganz im Ernst: Die fatale Zweideutigkeit beider Nachrichten resultiert aus der unterschiedlichen Auslegbarkeit des Wörtleins *VON*. Ich frage: Warum haben Redakteure und Journalisten panische Angst vorm Genitiv? Das wären noch gute und sinnklare Überschriften: *GEMÄLDE CRANACHS GERAUBT* und *BRIEFE EINSTEINS VERSTEIGERT*. *VON* ist öfter entbehrlich, als man glaubt. Und, Hand aufs Herz, lesen nicht auch Sie Fontanes Romane lieber als Romane von Fontane?

Befreistil

Ein Rundfunknachrichtensprecher macht mich am 22. November 1994 mit der merkwürdigen Tatsache bekannt, daß »die französische Stadt Strasbourg vor 50 Jahren von den Deutschen befreit« worden ist. Die Deutschen, aha, haben also Strasbourg befreit und nicht, wie ich ein halbes Jahrhundert geglaubt hatte, die Franzosen die elsässische Münsterstadt. So verschroben kann man Sätze bauen, wenn die Redaktion eines Mediums den Umgang mit der Sprache ähnlich lax betreibt wie professionelle Tierquäler den Schlachtviehtransport. Ist es denn wirklich so schwer, den Befreier unmißverständlich zu adressieren? Über die geradezu beängstigenden journalistischen Wer-wen-Purzelbäume habe ich mich immer mal wieder entsetzt oder – im günstigsten Fall – amüsiert, aber ich kann mich partout nicht dazu aufraffen, der deutschen Falschsprache mildernde Umstände einzuräumen.

Nacktstreife

Es stand im »Berliner Kurier«: »Siegburg. Splitternackt und sturzbetrunken (2,52 Promille) stoppte die Polizei im Rheinland eine Autofahrerin (20) ...« Für unsere Wortadella-Sammlung ist weniger wichtig die Feststellung, daß es sich hier um eine geradezu klassische Stilblüte handelt, als ein Fingerzeig, wie die Meldung wohl hätte formuliert werden müssen, um unfreiwilliger Komik aus dem Weg zu gehen. Wie so oft wäre der beherzte Griff nach dem Passiv geeignet gewesen, den schiffbrüchigen Satz an Land zu ziehen, nämlich so: »Von der Polizei im Rheinland wurde die splitternackte und sturzbetrunkene Autofahrerin gestoppt« oder auch »Eine splitternackte und sturzbetrunkene Autofahrerin wurde von der Polizei im Rheinland gestoppt.«
Apropos schiffbrüchig! Auch die Meldung vom rettungsdienstlichen Einsatz bei der »Estonia«-Katastrophe ist nicht astrein: »Schiffbrüchige transportierten Hubschrauber ins Krankenhaus.« Umgekehrt wird ein Schuh draus.

Ehrenrheinfall

Mit den Fällen ist das so ein besonderer Fall. Bekanntlich unterscheidet sich der weibliche Genitiv nicht vom weiblichen Dativ. Die solcher Sachlage innewohnende Tücke wird von vielen Journalisten unterschätzt, und dann kommt beispielsweise bei Formulierung einer Nachricht zu einem Wahlauftritt des FDP-Ex-Außenministers Genscher folgende Wendung zustande: »... sagte der Ehrenvorsitzende der

Rheinzeitung«. Wir erfahren also, daß Genscher Ehrenvorsitzender der Rheinzeitung ist. Hätte Genscher einem »männlichen« Blatt Rede und Antwort gestanden (etwa: »... sagte der Ehrenvorsitzende dem Tagesspiegel«), wäre jegliche Schieflage vermeidbar gewesen. Aber auch mit der Rheinzeitung müssen wir Genscher nicht unbedingt grammatisch kollidieren lassen: »Der Rheinzeitung sagte der Ehrenvorsitzende« oder »... sagte der Ehrenvorsitzende dem Reporter der Rheinzeitung« oder (am besten) »... sagte Ehrenvorsitzender Genscher der Rheinzeitung«. Man sieht mal wieder: Es geht so. Oder so. Drittens auch so. Aber nicht so.

Pullischnulli

Die Überschrift »Pullover sucht die Frau aus« stand über einem Zeitungsfeuilleton zum 70. Geburtstag des beliebten ZDF-Sportstudio-Ex-Moderators Harry Valerien. Ich ahne: Der Leser dieser Wortadella, sofern er die Formulierung des Pullover-Satzes überhaupt als fragwürdig erkennt, wird mein Stirnrunzeln für philisterhaft halten. Aber: Die Subjekt-Objekt-Rochade nimmt in der Presse derart überhand, daß man, zumindest zaghaft und gelegentlich, protestieren muß gegen

Dinosaurier-Skelette, die Wissenschafter entdeckt haben, gegen Mörder, die Richter zu hohen Freiheitsstrafen verurteilen, und Pullover, die Frauen aussuchen. Der journalistische Einwand, mitunter müsse man eben das Objekt an den Anfang des Satzes stellen, um die Hauptsache zu betonen, darf kein Freibrief sein für Stilblütenfabrikation. Immerhin

gibt es den Passiv: »Pullover wird von der Frau ausgesucht«. Und es gibt den Rückbezüglichkeits-Kunstgriff: »Pullover – den sucht die Frau aus«. Frauen aussuchende Pullover müssen stilistisch nicht in Kauf genommen werden. Auch nicht im Schlußverkauf.

Lebenshilfe

»Wie der Stahl gehärtet wurde« ist namentlich seinerzeit jungen DDR-Bürgern als Lektüre empfohlen worden, weil der Satz des Romanautors Nikolai Ostrowski »Das Wertvollste, was der Mensch besitzt, ist das Leben ..., und er muß es so nützen, daß ... er sterbend sagen kann: Mein ganzes Leben habe ich ... dem Kampf für die Befreiung der Menschheit geweiht« als Fundament und Richtschnur für ein menschenwürdiges Leben galt. Ich fand diesen Satz jahrelang imponierend, bis mich Skepsis befiel: Ist er nicht eine Banalität? Schließlich haben wir bei der Philosophie über Wesen, Moral und Perspektive des Menschen ohnehin immer den lebendigen und niemals den leblosen Menschen im Auge. Liegt der Satz nicht auf einer Linie mit Sätzen wie »Das Wertvollste am Auto ist sein Vorhandensein«, »Das Wertvollste an der roten Farbe ist die Farbe Rot« und »Das Wertvollste an der

Sonne ist ihre Existenz«? Der lebendige Mensch ist Voraussetzung für den Entwurf einer Wertskala. Das Wertvollste, was der (lebendige) Mensch besitzt, könnte demnach sein: körperliche, seelische und geistige Gesundheit, solidarische Zuwendung zu den Unterdrückten, die Einsicht, die Welt verändern zu müssen, oder womöglich ganz schlicht des Menschen nie verlöschender Lebensmut und Optimismus. Das Wertvollste am Wortadella-Leser (sein Leben also immer vorausgesetzt) ist seine Bereitschaft, der Wortadella-Spalte auch künftig Beachtung zu schenken. Sogar wenn es mal nicht um Wörter geht, sondern um ein Dichterwort.

Sechstes Kapitel

DOPPELGÄNGER

Versatzstücke

Eine böse Falle für den sprechenden und schreibenden Menschen ist die Bedeutungsvielfalt der Wörter. Bedeutungsvielfältige Wörter gibt es wie Sand am Meer. Nehmen wir das Wort *SATZ*. Der dritte Satz einer Sinfonie etwa ist mit dem Satz (Sprung) des Panthers nicht identisch. Wenn Boris Becker einen Satz gewinnt, so handelt es sich gewiß nicht um den (Boden-)Satz in unserer Kaffeetasse. Ein Satzkarpfen redet nicht etwa in zusammenhängenden Sätzen, sondern wurde vorm großen Fischzug ins Zuchtgewässer ausgesetzt. Ein Satz Porzellan für die Küche, ein Satz Briefmarken für den Philatelisten, Sätze für den Redner und den Romancier – Sätze überall und ganz verschiedener Couleur. Sagte ich verschieden? Da ist er schon wieder, der wortsinnwechselfiebrige Kobold, der uns zu Autoren unfreiwilliger Komik qualifizieren möchte! Warnung: Sagen und schreiben Sie lieber nicht *VERSCHIEDEN*, wenn es sich um unterschiedliche lebendige Wesen handelt! Verschiedene Menschen könnten immerhin auch verstorbene sein. Mit dem Wortpaar verschieden - unterschiedlich ist es ähnlich wie mit dem Duett umsonst - vergebens. Neulich hörte ich den Satz einer Samariterin: »Die Pflege in unserem Haus ist umsonst!« Nicht doch besser kostenlos, gratis, gebührenfrei? Umgekehrt: »Alle ärztlichen Bemühungen waren leider umsonst!« Nicht exakter: waren vergebens? Doppelsinnvermeidung ist die wichtigste Stilblüten-Prophylaxe. Ich kann beispielsweise nicht einsehen, daß ich meine Stasi-Akte einsehen könne. Einsehen – das ist genaugenommen etwas anderes als Einblick nehmen. Nicht jeder, der etwas einsieht oder eine Einsicht gewinnt, muß etwas »eingesehen« haben. Sagen Sie nicht, das sei Wortklauberei. Sehen und blicken ist durchaus nicht dasselbe. Ein Politiker, der Verwerfungen in der sozialen Landschaft überblickt, ist mir allemal lieber als einer, der sie übersieht.

Tiefschlagzeilen

Kaffee wird teurer! Diese Schlagzeile schreckte eines Tages Tchibo- und Jacobs-Dauerkunden. Zu denen gehöre auch ich. Dennoch ist unsereins ruinösere Preissteigerungen gewohnt. Bei Nahverkehrsmitteln, Wohnungen und Benzin zum Beispiel. Das Kaffee-Defizit läßt sich immerhin ausgleichen. Aus meinem Briefkasten angle ich fast jede Woche (mein Wohnsitz ist Berlin) Einladungen (mit gratis Kaffee und Kuchen) in noble Hotels zu Werbeveranstaltungen jeglicher Art: für Qualitätsweine, Handkreissägen, Teppichböden, Scientology. Nun aber ein neuer Tiefschlag: Rasen wird teurer! Liebe Laubenpieper! Bevor Sie in Ohnmacht fallen, ist Entwarnung angesagt. Nicht der, sondern das Rasen wird teurer – warnt die Polizei. Ach ja: Es ist ein Kreuz mit Zeitungs-Schlagzeilen. Regierungsbildung in Magdeburg. Ich bleibe skeptisch, denn das hat es früher nie gegeben: Minister-Fortbildungskurse. Schon Schiller hatte Schwierigkeiten mit seinen Schlagzeilen beziehungsweise Überschriften. Oder kann man den von ihm gewählten Titel »Der Abfall der Niederlande« für eine Formulierungs-Sternstunde halten?

Zwiesprache

Es gibt Pleonasmen und Tautologien (beide Fachwörter stehen für Doppelmoppelwortbildungen), bei denen mit fataler Hartnäckigkeit an der Auffassung festgehalten wird, daß sie Bestandteile einer seriösen Sprache seien. Während man den exemplarischen weißen Schimmeln, alten Veteranen und kleinen Bagatellen nur selten begegnet, wimmelt es in den sogenannten Medien von vorprogrammierten Konflikten, Zukunftsaussichten, Vorausahnungen, Rückfronten und Modetrends. Täglich hundertelfmal kann man gar »Ich wiederhole noch einmal« hören oder lesen. Doppelunddreifachbildungsbürger und -bürgerinnen lassen mich argwöhnen, daß sie zu Übertreibungen neigen. Jedenfalls ist es mir lieber, wenn ein Wortadella-Leser diese Zeilen nur schlicht gut findet, als von ihnen euphorisch sehr außergewöhnlich enthusiastisch begeistert zu sein.

Angewiedert

»Mutter Teresa ist gestern nach zweitägiger Behandlung in einem Krankenhaus in Bombay wieder entlassen worden ...« Wieder? Es gehört zu den Merkwürdigkeiten der deutschen Sprache, daß auf Teufel komm raus »gewiedert« wird. Man höre und lese: »Er ist vom Urlaub wieder zurückgekehrt«, »Der mutmaßliche Täter wurde wieder auf freien Fuß gesetzt ...« Wäre Mutter Teresa mehrmals im indischen Krankenhaus behandelt und entlassen worden, hätte unser Urlau-

ber die Rückreise öfter als nur einmal absolviert, wäre der Delinquent in gewissen Abständen festgenommen und entlassen worden – dann, aber nur dann, hätte das »wieder« einen Sinn. Unsere Beispielsätze können indes gut und gern auf Wieder-Sprüchlichkeiten verzichten: »Mutter Teresa ist gestern nach zweitägiger Behandlung in einem Krankenhaus in Bombay entlassen worden«, »Er ist vom Urlaub zurückgekehrt« und »Der mutmaßliche Täter wurde auf freien Fuß gesetzt«. Und ins Stammbuch des Stilisten: »wieder zurück« ist in den meisten Fällen eine Tautologie. Ein eheflüchtiger Gatte kann zwar zurückkommen (oder wiederkommen), wieder zurückkommen indessen nur nach mehrmaliger Eheflucht.

Forderungen

»Tausend Metaller forderten höhere Löhne ...«, »Slowaken forderten den Rücktritt der Prager Regierung und Autonomie für die Slowakei ...«, »Fünfzehn Todesopfer forderten

Wirbelstürme in Mexiko ...« Die Tücke des doppelsinnigen Verbs *FORDERN* suggeriert dem Leser den makabren Vorgang einer übersinnlichen Forderung: Fünfzehn Tote verlangten mexikanische Wirbelstürme. Die aus psychologischen Gründen von den Zeitungen bevorzugte Anfangsstellung des Objekts erlangt in Verbindung mit *FORDERN* höchste Stilblütenqualität, weil, wie gesagt, in unserem Fall zwei Verhängnisse zusammentreffen: unangemessene Objekt-Anfangsstellung und eines Tätigkeitsworts Doppelsinn. Ergo: Auch bei Vermeidung der Objekt-Anfangsstellung (etwa »Wirbelstürme in Mexiko forderten fünfzehn Todesopfer«) schleicht sich ein komischer Nebensinn in die Nachricht: Wirbelstürme erheben die Forderung nach fünfzehn Todesopfern. Derart grausige Mißverständlichkeit sollte uns veranlassen, *FORDERN* immer dann, wenn es soviel bedeutet wie *HERAUSFORDERN*, *ERFORDERN* oder *VERURSACHEN*, zu vermeiden. »Wirbelsturm-Bilanz in Mexiko: Fünfzehn Todesopfer« oder »Fünfzehn Todesopfer waren die Folge von mexikanischen Wirbelstürmen« oder »Nach Wirbelstürmen in Mexiko sind fünfzehn Todesopfer zu beklagen«. Überzeugt? Oder überfordert?

Menschenskinder

»Die Sachkompetenz bei der Problemlösung globaler Menschheitsfragen hat erste Priorität …« Diesen Satz und ähnliche Wortketten-Ungetüme kann man in Debattierklubs – auch legislativsten und legislahöchsten – hören. Die zitierte Wortadella-Girlande ist Ohren-, Augen- und Zungenschmaus

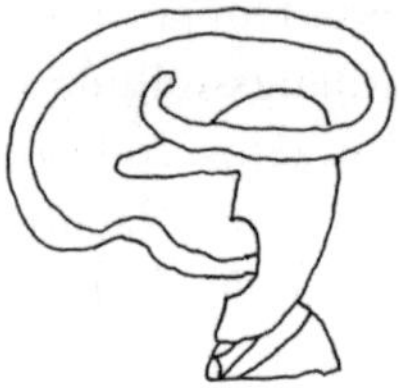

für qualifizierte Tautologen, denn doppelmoppelfrei klingt sie und liest sie sich schier kümmerlich: »Die Kompetenz bei globalen Problemen hat Priorität« oder auch (entfremdwortet) »Der Sachverstand bei der Lösung von Menschheitsfragen hat Vorrang«. Mein Freund Alfred D., Tautologiespezialexperte aus Trockenborn-Wolfersdorf, winkte ab: »Menschheitsfragen sind nicht ausreichend flächendeckend! Globale Menschheitsfragen dagegen – die haben universelles kosmopolitisches Weltformat!« Ich wurde nachdenklich, denn mir ging plötzlich durch den Kopf, daß es womöglich auch ganz spezielle Trockenborn-Wolfersdorfer Menschheitsfragen gibt.

Köpfchen, Köpfchen

Wenn Leute mit dem Kopf nicken, stellt sich die Frage, womit sie wohl sonst hätten nicken können: mit den Ellbogen, mit den Kinnladen, mit den Schulterblättern? Seltsam: Kaum jemand kommt auf die Idee, Musik »mit den Ohren zu hören«, bei Sonnenschein »mit den Augen zu blinzeln« oder nach kühlem Bad »mit der Nase zu niesen«. Nur das Nicken wird im Alltag, in Romanen, Feuilletons und Reportagen gar zu gern und gar zu oft sozusagen doppelkopflastig beschrieben. Nun sollte freilich niemand aus soeben empfangener Lektion den Schluß ziehen, daß man die Wendung »mit den Händen greifen« genauso beargwöhnen müsse wie das lächerliche Nicken mit dem Kopf. Jahrhundertalte Redensarten sind als poetisch-tautologisch anzusehen und durchaus akzeptabel. Es genügt, wenn wir beim Nicken den Kopf oder auch beim Fletschen die Zähne weglassen. Beim Schütteln wird es dagegen problematisch, denn es gibt neben dem Kopfschütteln auch das Händeschütteln, den Schüttelfrost, Schüttelreime und das Schütteln mit Cocktailbechern zumal. Prost.

Doppelt hält besser?

Wenn ich höre oder lese: »Der Botschafter wurde beim Staatssekretär einbestellt ...«, frage ich mich jedesmal, ob es nicht besser ist, den Botschafter einfach zu bestellen oder einzuladen. Es gibt gar viele hauptsächlich in protokollarischen und parlamentarischen Sphären vorkommende fragwürdige Tätigkeitswörter. Waigels Appell, »nicht länger zuzuwarten«, oder Kinkels Absicht, den Standpunkt der serbischen Regierung »zu hinterfragen« – solche Formulierungen deuten auf die Neigung ihrer Verfasser, sich im Zweifelsfall lieber gestelzt oder tautologisch auszudrücken als normal. Kein Mensch muß zuwarten, wenn ihm zu warten zugemutet wird.

Zu hinterfragen ist jedenfalls nicht plausibler als zu fragen, allenfalls nachzufragen. Wer sich zurückerinnert oder zurückbesinnt, hat keinen Beitrag zur Ästhetik der Sprache geleistet, schon gar nicht jener, der »etwas vorausahnt«. Auch ist niemand verpflichtet, auseinanderzudividieren oder vorzuprogrammieren. Und: Versuchen Sie, liebe Wortadellisten, nicht etwa, falls Sie meinen Argumenten nicht folgen mögen, meine Zuständigkeit als Wort- und Sprachexperte herabzumindern. Begnügen Sie sich damit, meine Kompetenz zu mindern.

Geschehmatismus

Was geschieht? Vor allem das *GESCHEHEN.* Aktuelles Sprachgeschehen läßt ein Geschehen nach dem andern geschehen: Baugeschehen, Verkehrsgeschehen, Wettergeschehen, Wettgeschehen, Besamungsgeschehen, Regierungsumzugsgeschehen, Schwerkriminalitätsgeschehen, Dopingskandal-

geschehen, Bundespräsidialamtskandidatennominierungsgeschehen, Ladenschlußzeitendiskussionsgeschehen, Straßenumbenennungsgeschehen. Bedrohlich rücken Ereignisgeschehen, Begebenheitsgeschehen, ja, sogar Geschichtsgeschehen in die Spalten der Journale vor. Dennoch ein Lichtblick: Eine Tageszeitung ersetzte die Rubrik-Schlagzeile »Lichtspieltheaterveranstaltungsgeschehen« revolutionär durch das Schrumpfwort »Kino«. Es geschehen also noch Zeichen und Wunder, und man sollte angesichts so kühnen Wortverkürzungsgeschehens vielleicht vorsichtig optimistisch von einem gewissen Zeichen-und-Wunder-Geschehen sprechen.

Kleines Päuschen

Bildunterschrift: »Hoch zu Roß sitzt Adelheid auf dem Weg zum Strandbad. Für den Fotografen legte das kesse Fräulein ein kleines Päuschen ein …« Das Tautologie-Sündenregister, aus dem ich schon mehrmals zitiert habe, enthält eine Fülle gedoppelter Aussagen wie kleines Päuschen. Nach Einschätzung der Sprachpfleger, Sprachhüter und Sprachschützer dienen aber Diminutive (Verkleinerungsformen) dem Zweck, das Attribut »klein« überflüssig zu machen. Ein Päuschen ist eben eine kleine Pause, ein Häusle ein kleines Haus, ein Rehlein ein kleines Reh, ein Brüderchen ein kleiner Bruder, ein Cleverle (gelegentlicher Kosename des Wahljenensers Lothar Späth) ein kleines Schlitzohr und so weiter. Genaugenommen ist schon das Zwerglein eine Tautologie, da ja auch ein Zwerg ohne -lein schon klein genug ist. Aber seien wir nicht kleinlich: Lassen wir, weil es so niedlich klingt, das Zwerglein gelten. Nur: Ein »kleines Zwerglein« ist mir denn doch eine Nummer zu klein und sogar eine Spur absurder als Rostocks Doppelkleingemeinde Lütten Klein.

Unbillig

Mit dem Doppelsinn des Eigenschaftswortes »teuer« ist oft (unfreiwillig) fahrlässig umgegangen oder (freiwillig) verschmitzt gespielt worden. Weil dieser Doppelsinn auch im Russischen funktioniert, mag Chruschtschows an Architekten gerichtete Anrede »Teure, allzu teure Genossen!« eher wirklich als legendär gewesen sein. Beschränken wir uns aber mal auf »teuer« in der Bedeutung von »kostspielig«, »happig«, »klotzig« und »im Preis überhöht«. Selbstverständlich können Waren teuer (oder billig) sein: nicht nur Leberwürste, Kartoffeln, Kameras, Küchenmöbel, Lederjacken oder Opernkarten, sondern auch Postwertzeichen, Wohnungen und Laubengrundstücke. Weder teuer noch billig aber sind Preise, Tarife, Miete oder Pachten. Die sind hoch oder niedrig. Glauben Sie mir: So astronomisch Ihnen Ihre Miete auch erscheinen mag – teuer ist sie nicht. Sie ist lediglich (viel zu) hoch, teuer indessen ist die Wohnung. Das gilt beispielsweise auch für die Eilbriefgebühr. Die ist hoch, nicht aber teuer. Teuer ist der Eilbrief. Und das teure Vaterland? Nun, da sind wir wieder beim Doppelsinn. Wie auch immer: Billig ist es nicht.

Schimmelbildung

Sowohl die Hinterfront als auch der Rücktitel haben sozusagen die Qualität eines schwarzen Schimmels, denn Front und Titel sind ohne Rück- und Hinter- jeweils nichts anderes als eine Vorderseite, so daß wir es bei Hinterfronten und Rücktiteln genaugenommen mit Hintervorderseiten zu tun haben.

Da indes schwarze Schimmel zoologisch und stilistisch genauso umstritten sind wie weiße Schimmel (ein schwarzer Schimmel ist ein schwarzes weißes und ein weißer Schimmel ein weißes weißes Pferd) kann mein neuester Fund in einer von mir diskret verschwiegenen Zeitung nicht länger geheimgehalten werden: Vorderfront. Eine vordere Vorderseite ist schon ein exotischer Knüller, der weder einerseits noch andererseits noch gar vorder- oder hinterseits vorstell- oder (wie flinke Neusprachbildner zu sagen pflegen) nachvollziehbar ist. Aber so ist das eben: Vernünftige Sprache geht vom Kopf aus. Man sollte nicht mit dem Hintern denken, schon gar nicht mit Vorder- oder Hinterhintern.

Doppelmoppel-Liste

Die deutsche Sprache strotzt vor doppeltgemoppelten Aussagen: Auseinanderdividieren, Zusammenaddieren. Absenken. Aufoktroyieren. Hinauszögern. Hochheben. Vorderfront. Hinterfragen. Ich kann mich zurückerinnern. Geschichtshistorisch. Optisches Aussehen. Fallender Neuschnee. Verliehen bekommen. Geschenkt bekommen. Ausgehändigt erhalten. Akustische Geräuschkulisse. Schöpferisch kreativ. Austesten. Auskurieren. Satanische Teufelei. Vollständig komplett. Entfliehen. Rückantwort. Tierkadaver. Schwarzer Neger. Weißer Schimmel. Großer Hit. Alte Antiquitäten. Echt Gold. Zusammenharmonieren. Die beiden Zwillinge. Äußerst extrem. Zentrale Mitte. Neue Novitäten. Das Eldorado. Großes Phänomen. Großes Ideal. Großes Idol. Knickriger Geizhals. Höllen-Inferno. Der große Clou. Rückerstattung. Steinalter Methusalem. Vollkommen perfekt.

Problematische Frage. Großer Riese. Zusammenschrumpfen. Kleine Miniatur. Nachrecherchieren. Fachexperte. Bereits schon. Letzten Endes. Zugewinn. Es kann möglich sein. Öde Wüste. Kranker Patient. Alter Veteran. Runder Kreis. Krimineller Verbrecher. Karitative Fürsorge. Gefährliches Risiko. Ängstlicher Hasenfuß. Einzelne Details. Volksdemokratie. Gotteslästerliches Sakrileg. Die überwiegende Mehrheit. Kleiner Imbiß. Große Sensation. Erste Priorität. Andere Alternative. Erstes Debüt. Kleine Episode. Vorausahnen. Rückbesinnung. Letztes Ultimatum. Zukunftsvision. Breites Spektrum. Kurzer Aphorismus. Große Fülle. Ich wiederhole noch einmal. Der mögliche Favorit. Kleine Bagatelle. Rückstau. Prosanovelle. Versballade. Daseinsexistenz. Leidenschaftliche Passion. Ganz sehr.

Siebentes Kapitel

REGELVERSTOSSDÄMPFER

Mozarts kleine Volksmusik

Mir, dem Vogtländer, dürfen Stefanie Hertels Texte nicht gleichgültig sein. Die von der artigen Gesangskünstlerin artikulierten Wörter und Sätze werden an Philologen und Germanisten weder adressiert noch von ihnen reflektiert. Aber auch bei großzügiger Einschätzung (von Wertschätzung ganz zu schweigen) solcher Passagen wie »Du brauchst ja gar kein Mozart sein« muß gegen allzu freien Umgang mit der deutschen Sprache protestiert werden. Gewiß, viele Laien und Experten ahnen Regeländerung, aber nach wie vor gilt: »Wer brauchen ohne zu gebraucht, braucht brauchen überhaupt nicht zu gebrauchen!« Und deswegen fragen sich außer mir gewiß viele Stefanie-Hertel-Schlager-Konsumenten, warum der Texter nicht auf die Idee gekommen ist, regel- und stilkonform zu dichten: »Du mußt ja gar kein Mozart sein.« Ich weiß schon: Mancher wendet ein, mit einem so veränderten Text ändere sich auch dessen Sinn. Stimmt aber nicht. *Nicht müssen* und *Nicht zu brauchen* stimmen semantisch überein.

Böhmische Polka

Dem sprach- und schreibgewandten Talkmaster Erich Böhme unterlief in einer »Berliner Zeitungs«-Kolumne zur Heinz-Eggert-Affäre die Fehlleistung »Er (Eggert) wurde in Sachsen akklamiert ...« Hm. Ich kann mir nicht denken, daß Böhme auch etwa geschrieben hätte: »Der Innenminister wurde applaudiert ...« Auch dieser Satz wäre so falsch wie der Akklamations-Satz, und ich vermute, dem Mann der

berühmten zirkulären Brillenspiele ist nur eben mal ein Ausrutscher passiert. Denn ein gestörtes Verhältnis zum Dativ ist Erich Böhme schwerlich nachzuweisen oder zuzutrauen. Also: Ihm oder ihr oder ihnen (nicht aber er oder sie) wird akklamiert, applaudiert, gehuldigt, verziehen, bescheinigt, beschert, gekündigt. Apropos kündigen! Erich Böhme möge sie bitte nicht. Die Freundschaft. Mir.

Hängepartien

Des ersten ostgemachten »Tatorts« Makel war die Sprache. »Ein Fall für Ehrlicher« war insofern ein ehrlicher Flop. Textbüchner nehmen, wenn man sie kritisiert, zu einem fadenscheinigen Argument Zuflucht: »Zur Realität des Lebens gehört, daß die meisten Leute eben so reden, wie wir sie im Film reden lassen. Falsches Deutsch wird ihnen von uns Skriptern absichtlich in den Mund gelegt.« Bis hierher Ausflüchte und Ausreden. »Tatort«-Regisseur und Textbeschädiger Hans-Werner Honert soll mir nicht einreden, er habe Wendungen wie »... habe ich ihn nicht aufgehangen!« oder »... hat er sich hier aufgehangen« zwecks Reproduktion von Volksnähe listig und bewußt antisprachlich ins Buch geschrieben. Nein. Honert weiß es offensichtlich nicht besser. Ihm sind solche Formulierungen zuzutrauen: »Ich habe meinen Mantel aufgehangen!«, »Im Museum wurde jetzt ein Bild von Rembrandt aufgehangen!« oder, umgekehrt, »Ich habe an dieser Frau lebenslang gehängt!« Dabei ist es so einfach, die beiden Dreier hängen-hing-gehangen und hängen-hängte-gehängt zu unterscheiden. Das erste Trio anwortet auf die Frage *Wo?*, das zweite auf die Frage *Wohin?* Die befragte Theatergarderobenfrau, die sich zu einem gestohlenen Kleidungsstück äußert »Ich habe den Mantel an den Haken dreihundertvierzig gehängt, aber dort hat er am Ende der Vorstellung nicht mehr gehangen!« beweist, daß richtiges Deutsch im täglichen Leben öfter vorkommt als in Honerts Hängepartien.

Flichtlektüre

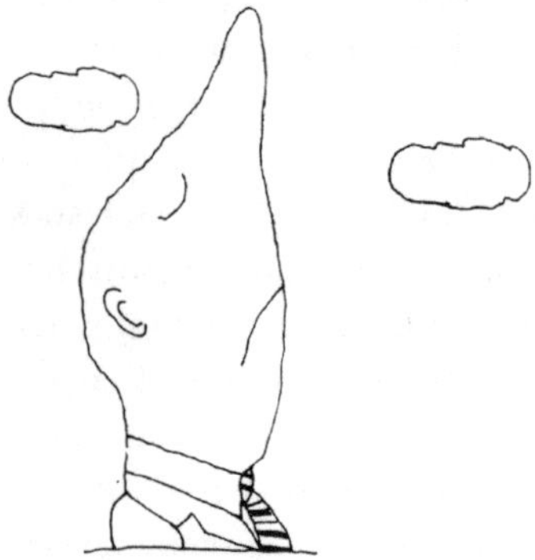

Bei Tätigkeitswörtern sind Ablaut-Mutationen eher die Regel als die Ausnahme. Aus dem *E* beispielsweise wird ein *I* bei *NEHMEN (NIMMT)*, *BERGEN (BIRGT)*, *VERBERGEN (VERBIRGT)*, *ERSCHRECKEN (ERSCHRICKT)*, *VERDERBEN (VERDIRBT)*, *WERBEN (WIRBT)*, *STERBEN (STIRBT)*, *STECHEN (STICHT)*, *SPRECHEN (SPRICHT)*, *BRECHEN (BRICHT)*, *GEBEN (GIBT)*, *GEBÄREN (GEBIERT)*. Im allgemeinen haben die Leute keine Schwierigkeiten mit dem Ablaut *I*. Höchstens Wiesners legendärer Frisör Kleinekorte artikuliert »Wie man so sprecht!« Der allerdings ist Berlin-Brandenburger, und Mundarten haben ihre von der Norm abweichenden Regeln. Nun aber das große *ABER*: Bei *FLECHTEN* versagt oft des Volkes Sprachgefühl. Nicht selten hörte und las ich: »Er flechtet.« Schiller jedoch dichtete wallensteinisch richtig: »Dem Mimen flicht die Nachwelt keine Kränze.« Und eine beliebte Thüringer Zeitung kommentierte den Rechtsstreit des Moderators Thomas Koschwitz mit der Überschrift »Koschwitz fechtet Urteil an«. Sagen Sie nicht »Was fechtet's mich an?« Denken Sie nadelwäldlerisch: Nicht *FECHTET'S*, sondern *FICHT'S*!

Zweifach täglich

Ist eine Großtrappe wirklich »dreifach so groß« wie ein Truthahn? Gewiß nicht. Sie ist allenfalls dreimal so groß. Allerdings bringt es die Großtrappe genauer aufs dreifache Truthahn-Gewicht als aufs dreimalige. Hier ist nicht der Platz für eine Gebrauchsanweisung, wann und in welchem Zusammenhang gemalt oder gefacht werden sollte. Wer nur recht gefühlvoll mit der Sprache umgeht, kommt sowieso nicht auf die Idee, vor sich hin zu trällern »Das gibt's nur einfach, das kommt nicht wieder ...« Aber sogar sprachempfindliche Leute tappen oft daneben, wenn es um den Unterschied zwischen täglich und tägig, wöchentlich und wöchig, jährlich und jährig und so weiter geht. Neulich schrieb mir die Sparkasse, ich möge ihr mitteilen, ob ich Kontoauszüge an jedem Monatsersten oder vierzehntägig wünsche. Vierzehntägig? Eine vierzehntägige Kur dauert vierzehn Tage lang, und auch die vierzehntägige Tour de France geht, wie man weiß, über zwei Wochen. »Vierzehntägig« ist eine Zeitspanne, kein Zeitpunkt. Die liebe Sparkasse hätte mich demnach korrekt fragen müssen, ob ich Auszüge vierzehntäglich wünsche, also zweimal (nicht zweifach) im Monat. Vierzehn Kontoauszüge vierzehn Tage lang – so was ist meinem Briefträger nicht zuzumuten.

Zum Aussuchen

»Hast du mich nicht rufen gehört?«, »Gestern habe ich dich an der Omnibushaltestelle warten gesehn!«, »Er hätte sich nicht einmischen gedurft« oder »Wir haben ihm seine finanziellen Probleme lösen geholfen«. Solche Sätze, weil unbestritten regelkonform, lassen keine andere dudengerechte Formulierung zu. Scheinbar. Tatsächlich aber kann ganz im Einklang mit den Sprachregeln bei einigen (auch modalen), Zeitwörtern wie dürfen, können, mögen, müssen, fühlen, helfen, hören usw. anstelle des Perfekt-Partizips ein schlichter Infinitiv (Grundform) gesetzt werden. Also: »Hast du mich nicht rufen hören?«, »Gestern habe ich dich an der Omnibushaltestelle warten sehn!«, »Er hätte sich nicht einmischen dürfen« und »Wir haben ihm seine finanziellen Probleme lösen helfen«. Aber keine Angst: Auch die oben zuerst verzeichneten Beispielsätze sind korrekt. Das Sprachgefühl muß entscheiden.

Unbeschadstoffe

Beim Umgang mit Verhältniswörtern geht sogar manchem Sprachexperten die Puste aus. Namentlich seltene oder veraltete Präpositionen – besonders solche, die mit dem Genitiv verbunden werden – verursachen Sprach- und Schreibprobleme. Beispielsweise: wegen, angesichts, gemäß, unbeschadet, kraft, laut, trotz, dank, willen, statt. Nun kann man darüber streiten, ob »wegen« von den Wegen abgeleitet ist, die wir bei Spaziergängen beschreiten, aber hinsichtlich ihrer tatsächlichen aktuellen Bedeutung hat »wegen« mit Fußwegen genausowenig zu tun wie »kraft« mit Schwerkraft, »laut« mit Wortlaut,«dank« mit Undank, »statt« mit Werkstatt oder gar »willen« mit Widerwillen. Wer »um Gottes Willen«

schreibt, hat ins falsche Wortfach gegriffen. Richtig ist die Schreibung »um Gottes willen«, denn bei dieser Wendung denken wir nicht an den Willen Gottes, sondern wir werben um Zuwendung (etwa in dem Sinn »zur Ehre Gottes«). Unbeschadet aller Genitiv-Tücken ist auch zu beachten, daß »unbeschadet« nichts anderes ist als eben eine Präposition. Das entsprechende Eigenschafts- oder Mittelwort heißt unbeschädigt. Seien Sie froh, wenn Sie einen Verkehrsunfall unbeschädigt überstanden haben – unbeschadet des Ärgers mit der Polizei und der Versicherung.

Male oder Mäler?

Ich hatte einen Deutschlehrer, der Unglücke nicht gelten ließ. Er dozierte: Da es keine Glücke gebe, könne es logischerweise auch keine Unglücke geben, und man müsse sich deswegen folgerichtig für die Unglücks-Mehrzahl Unglücksfälle entscheiden. Bevor ich meines Deutschlehrers These flapsig beiseite wische, möchte ich auf den Irrsinn sprach(halb-)wissenschaftlicher Analogie-Prinzipienreiterei hinweisen: Weil es Mahnmal-Mahnmale und Grabmal-Grabmale heiße, habe man – so die Analogisten – der Mesalliance

Denkmal-Denkmäler das sprachrichtige Pärchen Denkmal-Denkmale entgegenzusetzen. Hilfe! Nach dem Analogieprinzip kämen demnach etwa solche Paarungen zustande: Er fliegt-flog, er liegt-log, er siegt-sog. Nein, nein, nein! Die Sprache kann analogistisch nicht ergründet und praktiziert werden. Die vom Duden verordneten (oder mindestens empfohlenen) »Parke« als Mehrzahl von Park gehen mir gegen den Strich. Ich bleibe bei Parks. Als ich mir in den achtziger Jahren in Leipzig einen Bildband mit dem suggestiven Titel »Parke in der DDR« kaufte, war meine Enttäuschung groß: In dem Druckwerk war kein einziger Parkplatz verzeichnet.

Pluralismus

Vielleicht nicht für jedermann, aber mindestens für Journalisten, Kommentatoren und Moderatoren gehört zur Bildung die Mehrzahlbildung. Aber ach! Wie oft höre ich im Radio »die Israeli«, als ob es eine Einzahl »der Israelo« gäbe. Der israelische Bürger ist aber ein Israeli, und im Plural handelt es sich um Israelis. Es gibt indessen noch mehr fehlartikulierte

Singular-Plural-Pärchen. Richtig sind Mafioso-Mafiosi, Visum-Visa. Wir müssen uns wohl daran gewöhnen, daß wir den Plural jedes Worts, namentlich aller Lehn- und Fremdwörter, lernen und nicht nur ahnen dürfen. Es heißt zwar Zirkusse und Krokusse, nicht aber Kaktusse und Zyklusse.

Doch ich rechne mit dem Schlimmsten, nämlich damit, daß üble Tricks – wie bei Park und Parke der Neophilologen – überhand nehmen und schließlich statt der Benzintanks Benzintanke zum Pkw-Rüstzeug gehören. Dafür betank ich mich herzlich.

Wegen mir!

Der Duden meint es gut mit den Trotz- und Wegen-Sündern. Mit zugedrückten Augen gestattet er ihnen beispielsweise »Er hat sie wegen ihrem Geld geheiratet« oder »Wegen dir habe ich mich mit meiner ganzen Familie verkracht!« zu formulieren. Nun sind Duden-Barmherzigkeit und sprachliche Eleganz freilich zweierlei. Die oben genannten Beispiele lauten in gutes Deutsch übersetzt: »Er hat sie ihres Geldes wegen geheiratet« und »Deinetwegen habe ich mich mit meiner ganzen Familie verkracht!« Man muß, behaupte ich, nicht altmodisch sein, wenn man *WEGEN* und *TROTZ* konsequent mit dem zweiten Fall verbindet. Allerdings sollte es der tatsächliche Genitiv sein und nicht ein selbstgemachter Halb-und-Halb-Kasus. »Wegen meiner« und »Von mir aus« sind allemal hölzerner als *MEINETWEGEN*. Auf dem in vielen dörflichen Gemeinden aufgetauchten Verkehrssicherheits-Plakat, mahnend zu 30-kmh-Ortsdurchfahrten, sind spielende Kinder mit dem Appell aufgedruckt: *WEGEN UNS!* Mir wäre die Formulierung *NEHMT RÜCKSICHT AUF UNS* oder *UNS ZULIEBE* lieber.

Mit und ohne dem

In meinem Wortadella-Notizbuch stehen drei Zeitungssätze: »Er lebte während und nach dem Krieg in München«, »Oberhalb und neben dem Portal hatten sich Schwalben und Finken eingenistet«, »Manchmal ging er mit, gelegentlich auch ohne seine Freundin in die Disko«. Alle drei Sätze haben eine Macke, weil der von den Verhältniswörtern (Präpositionen) geforderte Fall (Genitiv, Dativ oder Akkusativ) unterschlagen oder mißachtet worden ist. Nun wäre es pedantisch, die drei verschrobenen Sätze mittels Satzverlängerung zu reparieren. Etwa so: »Er lebte während des Krieges und nach dem Krieg in München«, »Oberhalb des Portals und neben dem Portal hatten sich Schwalben und Finken eingenistet« und »Manchmal ging er mit seiner Freundin, gelegentlich auch ohne seine Freundin in die Disko«. Salomo empfiehlt kürzere berichtigte Sätze: »Er lebte während des Krieges und danach in München«, »Oberhalb des Portals und daneben hatten sich Schwalben und Finken eingenistet« und »Manchmal ging er mit seiner Freundin, gelegentlich auch ohne sie in die Disko«. Das alles hätten Sie auch ohne dem richtig gemacht? Nun, solange sie »ohne dem« sagen, ist noch mancher Wortadella-Exkurs nötig.

Betrifft: Anbetrifft

Anbetrifft und anbelangt gibt es zwar in der regulären deutschen Sprache mitnichten, aber das Ministerium für Sprachpflege und Sprachhygiene hat ermittelt, daß beide Falschbildungen wesentlich öfter vorkommen als die korrekten Wörter betrifft und anlangt. Was nun die Neigung zur Bevorzugung der Falsifikate anbetrifft und anbelangt anbegeht – nein, zum Glück hat sich der Wechselbalg anbegeht gegen das richtige angeht noch nicht durchsetzen können. Auch belangs und begangs sind erfreulicherweise nirgends zu hören, wogegen betreffs ganz oben steht auf der Verballhornungs-Beliebtheitsskala. Hinter vorgehaltener Hand kann man hören, daß es ein durchaus unverdächtiges Wort als alternative Lösung zu betreffs gibt: hinsichtlich. Diese Vokabel ist, finde ich, sogar schöner als der Dreier *IM HINBLICK AUF*. Aber meine Substantivitis-Abneigung ist ja im ostthüringischen Raum sowieso weltbekannt.

Trotzkistisches

»Trotz Konflikte kam es zu einem Kompromiß«, »Wegen Vorwürfe aus den eigenen Reihen trat der Minister zurück«. Richtig oder falsch? Scheinbar sind beide Sätze, obwohl sie seltsam klingen, korrekt, denn »trotz« und »wegen« erheischen den Genitiv, und die Mehrzahl der Wörter Konflikt und Vorwurf wird bekanntlich so dekliniert: Konflikte/Vorwürfe (Nominativ), Konflikte/Vorwürfe (Genitiv), Konflikten/Vorwürfen (Dativ) und Konflikte/Vorwürfe (Akkusativ). Und damit sind wir dem Elend beider Beispielsätze oben auf der Spur: Nominativ, Genitiv und Akkusativ sind gleich, und deshalb verkümmert der Genitiv im Deklinationsnebel. Was also tun zur Verdeutlichung des Genitivs? Ein Attribut muß her: »Trotz gewisser Konflikte« oder »Wegen massiver Vorwürfe« – das ist richtig und klangvoll dazu. Und wenn wir keine Hinzufügungen wünschen? Dann müssen wir auf den Dativ ausweichen: »Trotz Konflikten« oder »Wegen Vorwürfen«. Mit trotzigen Grüßen!

Als daß

Gefallen Ihnen derartige Sätze: »Die Sache ist zu ernst, als daß man sie auf sich beruhen lassen sollte«, »Kulenkampff ist zu alt, als daß er diese Sendung zügig moderieren könnte« oder »Mir ist diese Reise zu teuer, als daß ich statt dessen meine Wohnung renovieren lassen würde«? Ich nehme Ihnen die einzig vernünftige Antwort aus dem Mund: Solche »Als-daß«-Konstruktionen sind häßlich und leicht vermeidbar, weil es sprachlich viel gefälligere Sätze gibt, nämlich: »Die Sache ist zu ernst, um sie auf sich beruhen zu lassen«, »Kulenkampff ist zu alt, um diese Sendung zügig moderieren zu können« und »Mir ist diese Reise zu teuer, um mir die notwendige Renovierung meiner Wohnung leisten zu können«. Mag sein, daß Sie meine Lektion zuwenig einleuchtend finden, als daß Sie mir beipflichten könnten, aber ich halte Sie dennoch für viel zu vernünftig, um meinen Ansichten keine Bedeutung beizumessen.

Schreckschüsse

Machen wir Schreckensbilanz: Mindestens 80 von 100 Deutschen sind Opfer sprachlicher Schrecksekunden. Wie heißt es denn nun richtig: »Ich habe mich erschreckt« oder »Ich bin erschrocken« oder »Ich habe mich erschrocken« oder »Ich bin erschreckt«? Erschrecken Sie nicht: Nur die zweite Version ist korrekt. Zweiter Text: Heißt es »Ich habe ihn erschreckt« oder »Ich habe ihn erschrocken«? Der erste Schreck ist richtig. Und nun das Schrecklichste: Für viele Schreckgespenster sind Schreck und Schrecken identisch – so austauschbar, als könne man zum Beispiel sagen »Denn was er sinnt, ist Schreck, und was er blickt, ist Wut« (Uhland), »Jedoch der schrecklichste Schreck, das ist der Mensch in seinem Wahn« (Schiller) oder »Lieber ein Ende mit Schreck als ein Schreck ohne Ende«. Aber Schreck ist nicht Schrecken. Schreck ist Schock, Schrecken ist Terror. Der sprichwörtliche Schreck in der Abendstunde (zum Beispiel unvermutetes Eintreffen einer ungeliebten Tante) kann zwar einen Schrecken zur Folge haben (wenn die Tante ihre Abreise um Wochen hinausschiebt), aber keineswegs müssen sich Schreck und Schrecken verbünden, denn sie sind semantisch (in ihrer Bedeutung) so weit voneinander entfernt wie Biotop und Biolek.

Lang und noch länger ist's her

Wenn es stimmt (und es stimmt gewiß), daß das Plusquamperfekt eine Zeitform der Vergangenheit in der Vergangenheit ist, dann kann das Plusquamperfekt logischerweise nicht in der ersten Person eines erzählenden lebendigen Zeitgenossen vorkommen. Trotzdem hört man solche monströsen Aussagen: »Ich war krank gewesen«, »Ich war erschrocken gewesen«, »Ich war arbeitslos gewesen«, »Ich hatte Probleme gehabt«, »Ich hatte keinen Durchblick gehabt«, »Ich hatte einen Kredit abzuzahlen gehabt«. Es würde in einer Glosse zu weit führen, über Legitimität oder Tücke des Plusquamperfekts zu philosophieren, aber man halte sich an die Faustregel: Bei Aussagen, die nicht gerade ins Mittelalter oder gar in die Steinzeit zurückreichen, vermeide man, namentlich in Verbindung mit den Hilfszeitwörtern »haben« und »sein« (ich hatte gehabt, ich war gewesen), das Plusquamperfekt grundsätzlich. Das Perfekt tut's allemal auch. Und: Wenn Sie mit meinem Ratschlag nicht übereinstimmen, so empören Sie sich wenigstens nicht mit dem zornigen Plusquamperfekt-Satz: »Ich hatte nie Plusquamperfektsätze verwendet gehabt!« Sagen Sie einfach: »Plusquamperfektsätze? Hab ich nie verwendet.«

Schwerkraft

Massenhaft im Umlauf sind Sätze wie »Ich bin es nicht gewöhnt«, »Das hab ich nicht notwendig«, »So was kann ich nur schwierig verkraften«, »Du machst es dir zu einfach«, »Damit fällst du ihm lästig« und »Der Marathonläufer war vollkommen erschöpft«. Alles falsch. Die berichtigten Sätze müssen lauten: »Ich bin es nicht gewohnt«, »Das hab ich nicht nötig«, »So was kann ich nur schwer verkraften«, »Du machst es dir zu leicht«, »Damit fällst du ihm zur Last« und »Der Marathonläufer war völlig erschöpft«. Daß viele Eigenschaftswörter nicht als Umstandswörter taugen, sollte man eigentlich fühlen. Aber sogar bei Sprachgefühlsmangel dürfte

mindestens daran gedacht werden, daß z. B, »leicht« und »schwer« den sprachlich nur beschränkt einsetzbaren »einfach« und »schwierig« im Zweifelsfall vorzuziehen sind. Nicht in Frage stellen will ich freilich Karo, Herz, Pik und Kreuz einfach beim Skat und das einfache Gemüt, wogegen mir im Moment kein Beispiel für den zwingenden Einsatz von »schwierig« einfällt, denn alles Schwierige ist gleichbedeutend schwer, wenn meine These auch manchem schwierig (!?) begreifbar erscheint.

Wer hat, der hat

Mir hat eine Laus über die Leber gelaufen. Und nicht nur das. Außerdem hat mir das moderne Sportreporterdeutsch an die Nieren gegangen, eine Eigentümlichkeit, die seit Jahren in unsere Muttersprache eingesickert hat. Ich habe nie ein Schulmeister gewesen, doch habe ich stets für eine einigermaßen vernünftige Sprache eingetreten. Es ist leider üblich, daß unsere medialen Leibesübungsvermittler Formulierungen strapazieren, die jenseits von Konrad Duden angesiedelt sind: »Er hat Jahresweltbestzeit geschwommen«, »Sie hat endlich mal wieder über sieben Meter gesprungen«, »Er hat unterhalb des Limits geritten«, »Unsere Radsportler haben immer vorn gefahren« oder »Der italienische Achter hat hoffnungslos abgeschlagen hinterhergerudert«. Sind wir nicht Erben und Abkömmlinge Martin Luthers, Gotthold Ephraim Lessings und Franz Mehrings? Antwort der Sportreporter: »Die haben doch längst gestorben!

Trauschauwem?

Gewiß, einem Standesbeamten ist schon zuzutrauen, ein heiratswilliges Paar zu trauen, ohne ihm zu trauen. Aber von diesem Kalauer abgesehen, begegnet man im Sprachalltag großer Verlegenheit bei Formulierungsversuchen, die mit der Bewältigung oder Nichtbewältigung aller möglichen Gefahren zu tun haben. Wie denn nun: »Ich trau mich nicht« oder »Ich trau mir nicht« oder »Ich getrau mich nicht« oder »Ich getrau mir nicht ..., meinen Chef um eine Gehaltserhöhung zu bitten!« Keine Panik. Alle vier Versionen sind akzeptabel. Dagegen gilt das reflexive Verb in bezug auf Wagnisse als zu gewagt und dudenwidrig: »Ich habe mich (mir) nicht gewagt …« – diese gewagte Formulierung wird mißbilligt. Viel schöner klingt: »Ich habe es nicht gewagt, mein erspartes Geld der Scientology-Sekte zu vermachen!« Das ist richtiges Deutsch und ein weiser Entschluß zumal.

Vergleichsweise ein bißchen Frieden

Schon gehört: »Das kann man doch nicht vergleichen!«? Nun also: Die angebliche Unvergleichbarkeit läßt sich in den meisten Fällen, nein: in jedem Fall *NICHT* nachweisen. Denn: Vergleichen kann man schließlich alles und jedes: den Elefanten mit der Ameise, die Himbeere mit dem Kürbis, Mexico City mit Mengersgereuth-Hämmern, Bundesminister Rühe mit Jesus von Nazareth oder auch die Panke mit dem Mississippi. Sogar art- und sortenfremde Sachen sind vergleichbar: Wollsocken und Grießpudding, Schubkarren und Zahnbürsten, Heißluftballons und Scheibenwischer. Fazit: »Das kann man doch nicht vergleichen« ist kein korrekter Bescheid. Wenn Ihnen demnächst beispielsweise mitgeteilt wird, daß Sie bei Inkrafttreten der Steuerreform prozentual nicht höher besteuert werden als ein Milliardär, dann entrüsten Sie sich bitte nicht unangemessen »Das kann man doch nicht vergleichen!«, sondern kommentieren Sie sachlich richtig: »Das kann man doch nicht gleichsetzen!« Vergleichen - gleichsetzen – der Unterschied liegt vergleichsweise in der Differenz. Als Nachtisch noch ein paar Worte zu einer Wendung, die ebenfalls meistens als Falschbildung im Umlauf ist: »Laß mich zufrieden!« Gemeint ist selbstverständlich »Laß mich in Frieden!«, denn der/die Belästigte (ob er/sie nun zufrieden ist oder nicht) begehrt trotzig Waffenstillstand und nicht Offenlegung seines/ihres Gemütszustands.

Eines schickt sich nicht für die ganzen?

Die ganzen Leute. Die ganzen Ausländer. Die ganzen Verwandten. Die ganzen Arbeitslosen. Die ganzen Beamten. O heilige Sprach- und Sprecheinfalt! Die Mehrzahl von *GANZ* (der Menge, Masse, Größe und Anzahl nach) heißt selbstverständlich (?) *ALLE*. Schiller: »Alle (nicht die ganzen) Menschen werden Brüder!«, Sprichwort: »Allen (nicht den ganzen) Menschen recht getan, ist eine Kunst, die niemand kann«, Goethe: »Von allen (nicht den ganzen) Geistern, die verneinen, ist mir der Schalk am wenigsten zur Last«, Volkslieder: »Alle (nicht die ganzen) Vögel sind schon da!«, »Alle

meine (nicht meine ganzen) Entchen schwimmen auf dem See«. *GANZ-ALLE* – dieses Wortpaar regelt auch die Mehrzahlbildung, wenn es sich nicht um Lebewesen, sondern um Sachen handelt. Falsch demnach: »Wenn die ganzen Brünnlein fließen«, »Die ganzen Jahre wieder kommt das Christuskind«, »Die ganzen Räder stehen still, wenn dein starker Arm es will« (Einschiebsel: Soeben höre ich von einer Fernseh-Talkrunde: »die ganzen Manipulationen«, »die ganzen Akten« und »die ganzen Verträge«). Und jetzt ein Hinweis für meine ganzen … nein: für alle meine Wortadella-Freunde: Gleichwohl gibt es auch das Wortpaar *GANZ-DIE GANZEN*, wenn wir es bei *DIE GANZEN* der Bedeutung nach mit Vollständigkeit, Umfänglichkeit oder auch Intaktheit und Unversehrtheit zu tun haben: »Ganze Straßenzüge wurden in Schutt und Asche gelegt«, »Sero nimmt lieber ganze als zerbrochene Flaschen in Zahlung«. Personifizierte Flaschen allerdings sind zu behandeln wie ganz oben beschrieben. Wenn Sie also Ihre Lieblingsfußballmannschaft in der Luft zerreißen wollen, dann schimpfen Sie gefälligst korrekt: »Alle (nicht die ganzen) elf Flaschen sind nicht das Eintrittsgeld wert, nicht mal Flaschenpfand!«

Achtes Kapitel

BEFREMDLICHES

Rowdieschen?

Photo oder Foto? Friseur oder Frisör? Charme oder Scharm? Cousin oder Kusin? Der Duden läßt sowohl Fremdwort-Originalschreibung als auch Deutsch-Normalschreibung gelten. Nur: Unzulässig und lächerlich ist das Pendeln zwischen beiden Möglichkeiten in demselben Artikel oder derselben Ausgabe einer Zeitung. Im »Berliner Kurier« las ich auf Seite 1 »Auf der Werbung für Säuglingsnahrung muß künftig ein deutlich sichtbarer Hinweis stehen, daß Muttermilch für die Babies besser ist« und auf Seite 3 »Rowdys wüten immer schlimmer in unseren Parks«. Dazu ist anzumerken: Wer Babies sagt, muß auch Rowdies sagen, oder umgekehrt: Wer Rowdys schreibt, hat sich auch für Babys zu entscheiden. Anmerken möchte ich außerdem indessen, daß mir die sprachregelrecht deutschen Babys, Dandys, Ladys, Hobbys und Partys lieber sind als die entsprechenden englischen Mehrzahlbildungen. Bei Rowdys und Rowdies freilich ist mir die Schreibung schnurz. Beide sind mir sowieso unsympathisch.

Meuchelpuff

Müssen Fremdwörter geächtet werden? Um der Vernunft willen: nein! Was wäre unsere Küche ohne Gourmets, Ragout fin und Pommes frites! Warum sollten Komponisten und Musikanten Vivace, Andante, Allegro con moto, Largo und Presto ma non troppo verketzern? Was ist gegen medizinische und pharmazeutische Internationalismen einzuwenden? Müssen wir Software deutsch zu weicher Ware verweichlichen? Fremdwörter, namentlich wenn sie terminologisch (fachsprachlich) daherkommen, sind mitnichten entsorgungsfällig. Wir wollen uns doch nicht aufführen wie die Puristen (Sprachreiniger) der Weimarer Republik, die Fremdwörter ausnahmslos und sogar Lehnwörter auf den Index setzten: Nase sollte Gesichtserker, der Auto-Benzinmotor Viertaktzerknalltreibling und der Revolver Meuchelpuff heißen. Ich dagegen habe schon gewisse Bedenken, wenn dem Telefon der Fernsprecher vorgezogen wird. Seien wir also nicht kleinlich. Mißtrauen und mitunter kalte Wut indessen befallen mich, wenn die Kids, die News, die Highlights und die Cleverness die Macht ergreifen und Kinder, Nachrichten, Höhepunkte sowie Schlitzohrigkeit in den Hintergrund drängen. Ich korrigiere: in den Background.

Stellungskrieg

Da müssen wir wohl oder übel resignieren: Anglismen und Amerikanismen sind längst Bestandteil deutscher Literatur-, Parlaments- und Umgangssprache. Der Athlet, der früher überlegen war, hat aktuell cool zu sein. Outfit, Catering und Fastfood haben die Macht über Garderobe, Versorgung und Schnellimbiß ergriffen. Nichts ist mehr großartig und überragend. Wir haben uns auf *SUPER* hochgestylt. Solche Sprach-Exotisierung ist manchmal betrüblich, mitunter verblüffend, meistens amüsant. Deshalb: Schwamm drüber. Ärgerlicher als die Fremdwortinvasion sind jedoch wörtlich ein- und umgedeutschte englische Wendungen. *It makes no sense* sagt man in London und New York, wenn gemeint ist *Es ist sinnlos* oder *Es hat keinen Sinn*. Sprachmix-Spezialisten haben indes die deutsche Version verenglischt: *Es macht keinen*

Sinn. Hm! Ähnlich erging es dem angloamerikanischen *once more*. Richtig ins Deutsche übersetzt, heißt das zwar *noch einmal*, aber kühne Sprachmelangeure formulieren längst gewitzter: *einmal mehr*. Und schließlich: »I'm worry, because nobody loves me!« heißt in korrekter Englisch-Deutsch-Übersetzung »Ich bin unglücklich, weil – niemand liebt mich!« Der Verlust der deutschen Nebensatz-Wortstellung (Inversion) nach *weil*, *obwohl*, *zumal* usw. ist weiß Gott kein begrüßenswertes Resultat deutsch-angloamerikanischer Freundschaft, obwohl ich bin kein Philister, okay?

Was tun?

Für Goethes Faust war am Anfang die Tat. Für Verächter einer hinlänglich anmutigen deutschen Sprache tat am Anfang die Tat stehen. Beneidenswerte Engländer: Ihnen ist hilfszeitwörtliches *Tun* bei positiven Aussagen erlaubt, bei Verneinung sogar vorgeschrieben. Während dem Deutschen verwehrt ist zu sagen »Ich tue mich weigern!« oder »Ich tu mich nicht weigern!«, darf der Angelsachse Weigerung (»I refuse!«) verstärken: »I do refuse!«, ja, er muß sogar zur Tun-

Krücke greifen, wenn er negative Auskunft gibt: »I do not refuse!« Trotz der im Deutschen nicht erlaubten englischen Bräuche kann man hierzulande immer wieder solche Sätze hören: »Ich tu mich jetzt umziehen!«, »Ich tat die Koffer schon gestern packen!«, »Tust du dich nicht schämen?« Oder

»Wir tun gemeinsam Urlaub machen!« Als ich meiner Freundin Helgard Verdrossenheit hinsichtlich weitverbreiteter Tun-tut-tat-Sprachpraxis signalisierte, dementierte die studierte Philologin: »So schwachsinnig daherreden – das tu ich nicht!« Womit bewiesen war: Auch Helgard muß ihr sprachliches Instrumentarium restaurieren, und wenn es nur um die Ausmerzung der so beliebten Tun-Nachklappersätze geht.

Hochtrabend

Mit der Akzeptanz ist es ähnlich wie mit dem Konsens: Beide Vokabeln kommen im Alltag nicht vor. Sie tummeln sich außerhalb der simplen Kommunikation. Sie beschränken sich auf höhere, genauer: auf bürokratische sowie auf parlamentarische Ebenen. Damit will ich keinesfalls sagen, daß es das Wort Akzeptanz nicht gibt. Es steht zwar noch nicht im Fremdwörterbuch, kann aber als durchaus akzeptables Hauptwort zum Tätigkeitswort »akzeptieren« akzeptiert werden. Nur: Brauchen wir ausgerechnet dieses (erst seit einem Jahrzehnt grassierende) hochtrabende Neo-Substantiv? Nein, nochmals nein. Bewährte und jedermann verständliche und vertraute Wörter wie Zustimmung, Übereinstimmung, Billigung, Einverständnis machen die Akzeptanz überflüssig. Auch mit dem Konsens sollte kein ewiger Bund geflochten werden. Wenn sich zwei oder drei oder vier oder hunderttausend Leute einig sind, brauchen sie keinen Konsens. Ihnen genügen Übereinstimmung, Einklang und Harmonie. Nun kommen Sie mir bitte nicht mit dem Satz: »Ihre These, werter Dozent, provoziert Dissens!« Meinungsver-

schiedenheit wäre mir lieber. Ein weiteres Beispiel für Fremdwort-Entbehrlichkeit: relevant und irrelevant. Man kann sehr gut ohne beide elefantisch klingenden Vokabeln auskommen. Jedenfalls ist es nicht erheblich (nicht relevant beziehungsweise irrelevant), als normaler Mensch im Leben niemals der Relevanz begegnet zu sein. Dann schon lieber der Irrelevanz. Die klingt so schön irre.

Relativitätstheorie und -praxis

Es ist die reine und nicht nur relative Wahrheit: Erst mit Albert Einsteins Relativitätstheorie (also im ersten und nach dem ersten Weltkrieg) hat sich das Eigenschaftswort *RELATIV* umstandswörtlich in die deutsche Umgangssprache eingeschlichen – auch dort und dann, wo und wenn in den Jahren zuvor kein Mensch auf die Idee gekommen wäre, das Adverb *VERHÄLTNISMÄSSIG* durch einen quasi-mathematischen Terminus zu ersetzen. Plötzlich hörten sich ganz gewöhnliche Sätze gewählt und vornehm an: »Es geht mir relativ gut …«, »Ich habe relativ wenig Lust …«, »Es ist mir relativ egal …«, »Wir sind relativ zuversichtlich …« Ich kenne Leute, die nichts, aber auch gar nichts für verhältnismäßig gut oder verhältnismäßig (auch »ziemlich« wäre oft ausreichend) schlecht halten, sondern immer nur für relativ günstig oder relativ miserabel. Der Umstand, daß die von Einstein gemeinte Relativität mit dem deutschen Wort »Verhältnismäßigkeit« nicht identisch ist, stört die Relativitäts-Sprachdekorateure wenig. Achten Sie mal, liebe Wortadellisten, beim Plausch in abendlicher Runde darauf, wie relativ oft relativiert wird und wie verhältnismäßig selten von Verhältnismäßigkeit die Rede ist. Wetten, daß ausgerechnet die »relativ«-Inflationäre noch nie etwas gehört haben von Einstein und dessen umwälzender Lehre? Sie sind nur relativ gewitzt und wissen: Wer bei Partygästen relativiert, macht einen relativ gebildeten Eindruck.

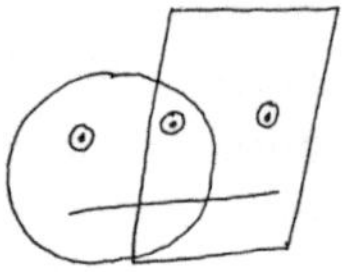

Farbtonstörung

In Berlin jedenfalls kann es vorkommen, daß sich die schwankende Kundin beim Blusenkauf so äußert: »Hm, ich nehme die rosane oder die lilane!« Und es könnte schon sein, daß die Verkäuferin schelmisch rät: »Vielleicht sollten Sie auch die hübsche beigene oder die türkisene Bluse in Betracht ziehen oder gar die olivene!« – »Nein«, müßte die Antwort der Kundin lauten, »dann schon lieber die zinnoberne!« Der sprachsichere Wortadellist hat gemerkt: Nur deutsche Adjektive von Grundfarben sind flexibel, fremdwörtliche Farbmixturen jedoch werden nicht gebeugt. Die favorisierte »rosane« Bluse kann stilistisch sauber nur eine rosa Bluse sein, und der potentielle Käufer eines »anthrazitenen« Mercedes sollte besser einen anthrazitfarbigen Mercedes verlangen. Sonst verwandelt sich des peinlich berührten Verkäufers blasser Teint in eine orangene oder gar karminene Gesichtsfarbe.

Schliff

Im thüringischen Vogtland wundert's keinen, wenn anläßlich eines Klassentreffens von Seniorinnen und Senioren beim Kaffeeklatsch »gekrischen« wird. Auch erinnere ich mich, in Greiz vor sechzig Jahren freitags »gebaden« zu haben. Der Charme heimatlichen Zungenschlags kann bei sprachlichen Vergröberungen im Medienbereich (bei Presse, Rundfunk und Fernsehen) freilich nicht als Entschuldigung akzeptiert werden. Wenn eine Radio-Studio-Reporterin zum Beispiel lauthals verkündet, »alle Telefone sind geschalten!«, vermute ich weniger Heimatklangtreue als Sprachbildungsmangel. Auch die Zeitungsmeldung, die mich erfahren läßt, daß eine gewisse Burg im Mittelalter »geschliffen« worden sei, läßt mich an der Stilsicherheit des Verfassers zweifeln, zumal die Unterscheidung zwischen »geschleift« und »geschliffen« für Millionen Deutsche ein unlösbares Problem ist, wenn sie kein geschleiftes Deutsch sprechen. Schon gar kein geschliffenes.

Das Christikind

Ich las: »Die indianischen Ureinwohner hatten die Stadt im 6. Jahrhundert nach Christi gegründet und ...« Christi? Hieß Marias Sohn (oder lateinisch dekliniert: der Sohn Mariä) nicht Christus? Aber, wird mancher einwenden, ist es denn nicht korrekt von »Christi Geburt« zu schreiben und zu reden? Selbstverständlich ist das korrekt, sofern man sich bewußt bleibt, daß »Christi« (und – siehe oben – »Mariä«) der lateinische Genitiv ist. Wer es also partout mit der Latein-Deklination hält, muß sich schon fürs »6. Jahrhundert nach Christum« entscheiden – oder schlicht und deutsch formulieren »... die Stadt im 6. Jahrhundert nach Christus gegründet«. Will heißen: Im Zweifelsfall ist »Christus« allemal weniger bedenklich als ein nicht kasusgerechter »Christi«, »Christum« oder »Christo«. In diesem christlichen Sinn: Voran mit Christo oder mit Christus. Mit Christi gehen wir jedenfalls deklinatorisch in die Irre.

Rein feelingmäßig

Der unaufhaltsame Vormarsch angloamerikanischer Fremdwörter, Hunderter Internationalismen sowie unzähliger halbwildwüchsiger Neu-Vokabeln aus jugendlichen Kehlen mag bedauert werden – bremsen läßt er sich nicht. Allerdings: Die Ersetzung des Gefühls durch den Import »Feeling« kann ich gerade noch aushalten, wogegen ich das neulich im Radio artikulierte »emotionale Feeling« als schmerzgrenzüberschreitend empfinde. Antipathie verursacht bei mir auch das sogenannte Catering, von welchem ich – im speziellen Fall handelte es sich um eine Flasche Bier und zwei Sandwiches – jüngst vor einem Theaterauftritt in der Künstlergarderobe zehren durfte. In Brandenburg an der Havel versprach eine Zeitung »Stengel-Highlights für Freaks«. Mir wären Glanzlichter für Stengel-Liebhaber lieber gewesen. Und vor allem: Leser meiner Generation hätten den Text verstanden.

Bitte mit Obers

Die sprichwörtliche sarkastische These »Deutsch ein schwere Sprak« bedarf einer Ergänzung: Sogar der sprachlich gebildete Deutsche (Philologen nicht ausgenommen) gerät ins Schleudern, wenn er regionale Besonderheiten im deutschsprachigen In- und Ausland nur unzureichend würdigt. Wer als Geraer, Jenenser oder Greizer glaubt, sich beispielsweise

in der österreichischen Steiermark mit Ostthüringer Vokabular durchfitzen zu können, eilt womöglich von lexischer Bruchlandung zu Bruchlandung.

Es gibt in Österreich keine Treppen, sondern Stiegen, keinen Quark, sondern Topfen, keine Stühle (auf denen man gesessen hat), sondern nur Sessel (auf denen man gesessen ist), kein Café mit Kuchen und Schlagsahne, sondern ein Kaffeehaus mit Mehlspeis und Obers, kein Zug-, sondern ein Zugsunglück, kein Fabrik-, sondern ein Fabriksgelände, keine Vesper, sondern eine Jause, keinen Wettbewerb, sondern den Bewerb, keine Polizei, sondern eine Gendarmerie, keinen Zöllner, der Zoll, sondern einen Mautner, der Maut kassiert. Der Österreicher unterzieht sich keiner Reifeprüfung, sondern er maturiert. Er beantragt keine Genehmigung, sondern sucht eine Bewilligung an. Ein österreichisches Richtfest heißt Dachgleiche. Aber wenn die Österreicher auch immer schauen, wo wir zu sehen pflegen – bei den Zuschauern flippen sie aus: Sie heißen zwischen Dornbirn und Wien, Linz und Klagenfurt (und in der Schweiz sowieso) Zuseher.

Dem-agogisch

Ich wiederhole: Fremdwörter befremden mich nur selten, und erst recht richtet sich mein Groll nicht gegen sogenannte Lehnwörter (meine Nase ist mir lieb und teuer). Nur eben und überhaupt: Muß in einer Greizer Konzertrezension unbedingt die Vokabel »agogisch« vorkommen? Natürlich ist mir bekannt, daß sich Sprachwissenschaft, Bergbau, Börse, Kraftfahrzeugtechnik, Medizin, Rotlichtszene, Handel, Versicherungen, Fernsehen, Musikkultur usw. im Rahmen ihrer Wirkungsbereiche einer für branchenfremde Leute oft unentschlüsselbaren Fachsprache (Terminologie) bedienen. Aber »agogisch« (beweglich-frei) im OTZ-Lokalteil? Die populäre Weisheit »Fremdwörter sind Glückssache« trifft auch für die OTZ-Rubrik »Chronologie der letzten 100 Tage des Zweiten Weltkriegs in Europa« zu (1995). Richtig wäre hier das Wort »Chronik« gewesen, denn im Fremdwörterbuch kann man lesen: Chronologie = Wissenschaft von der Zeiteinteilung und Zeitrechnung, Chronik = Zeittafel.

Textour de France

Man sollte sich nicht verrückt machen lassen: Die Aussprachregeln bei Fremdwörtern bleiben trotz Reform sowohl im Genitiv der Einzahl als auch in allen Mehrzahl-Fällen unangetastet. Genauer: Das in Frankreich stumme End-S wird in deutschen Landen laut und deutlich ausgesprochen. Eine ganz und gar unvollständige Liste ausgewählter Fremdwörter der beschriebenen Kategorie: des und die Musikkorps = Musikkohrs, des und die Fonds = Fongs, des und die Palais = Palääs, des und die Revers=Reväärs, des und die Fondants = Fondangs, des und die Croissants = Kroassangs, des und die Depots = Depoos, des und die Bidets = Bidees, des und die Clochards = Kloschaars, des und die Plumeaus = Plümoos. Selbstverständlich kann jedermann, um Ausspracheprobleme zu vermeiden, auch deutsche Wörter benutzen, aber wer weiß schon, daß ein Palais ein Palast, ein Croissant ein Hörnchen und das Plumeau ein Federbett ist? Die Hugenotten sind schuld an der Teil-Französisierung unserer Sprache. Mit dieser dreihundert Jahre alten Altlast müssen wir leben. Französisch: C'est la vie!

Die abgewickelte Frau

Der Satz in Goethes »Tasso« (»Man merkt die Absicht, und man wird verstimmt«) wird von radikalen Feministinnen, zu denen ich die witzbegabte Alice Schwarzer allerdings nicht zähle, neuerdings so aufgeschrieben: »Man/frau merkt die Absicht, und man/frau wird verstimmt«. Nun fände ich es mannmaßend (ein von mir soeben erfundenes Neuwort), wollte man/frau weibliches emanzipatorisches Aufbegehren gegen die von Männern beherrschte Bastion Sprache & Stil verspotten. Es ist eine Flapsigkeit ohnegleichen, wenn Männer die Gleichberechtigung der Frau als eine von den Frauen angestrebte Maskulinisierung interpretieren und mißverstehen. Die Sprache der Nachrichten ist verräterisch: »... sagte Merkel«, »... stellte Engelen-Kefer fest« und »... fügte Stahmer kritisch hinzu«. Ich meine: Der »Herr« mag wegbleiben, die »Frau« aber gehört (zumal wenn der Vorname fehlt) als untilgbares Attribut zur weiblichen Adresse. Merke: Das unantastbare Privileg der Männer ist (sollte sein) Höflichkeit gegenüber dem zarten Geschlecht – das walte nicht Süßmuth, sondern Frau Süßmuth.

Neuntes Kapitel

GEREDSCHAFTEN

Kein Thema?

Frage-Antwort-Spiel zwischen Reporter und Profifußballer: »Wie sieht es aus mit einem Vereinswechsel?« – »Kein Thema!« – »Ihre Kniebeschwerden?« – »Kein Thema!« – »Zur Zeit wird spekuliert über Ihr gestörtes Verhältnis zum Trainer. Ist da was dran?« – »Kein Thema!« Es ist zum Verrücktwerden! Konnte man vor fünf, sechs Jahren noch damit rechnen, dem Interviewten wenigstens eine verschlüsselte Halbwahrheit abzupressen, so muß sich der Reporter heutzutage mit dem Stereotyp »Kein Thema« abspeisen lassen. »Kein Thema« ist fast ausnahmslos eine superflezige Rotzfrechheit und eine hohlkehlköpfige dazu. Es ist zu fürchten, daß einem auch im täglichen Leben auf die Frage »Wie geht's?« demnächst dieses laxe »Kein Thema!« entgegenhallt. Bald kann sich wohl auch der wagemutigste Angestellte eines Automobilkonzerns nicht mehr getrauen, den Chef um eine schlichte Gehaltserhöhung zu bitten, weil dieser dem Bittsteller womöglich wortlos die gelbe Karte zeigt, auf der die abgedroschenen zwei Wörter stehen: *KEIN THEMA*.

Nachvollklore

Weil sich die nebulose Tätigkeit des Nachvollziehens im modernen Sprachgebrauch längst einen festen Platz erobert hat (sich sozusagen seßhaft im Nachvollzug befindet), muß trotz früher nachvollgezogener Wortadella erneut auf dieses merkwürdige Tu-Wort aufmerksam gemacht werden, das schwerer zu definieren ist als nachzuvollziehen. Wenn da jemand anmerkt, das Rheumaleiden seines Nachbars sei für ihn »schwer nachvollziehbar«, dann frage ich mich, ob dieser Satzbildner überhaupt wirklich danach strebt, selber, so schwer derartiges auch nachzuvollziehen sein mag, Rheuma-

tiker zu werden. Nachvollziehen? Man höre sich an, was da alles nicht oder schwer nachzuvollziehen ist: das Sparkonzept der Koalitionäre, der Sexualtrieb des Kinderschänders, der Streit um Fußballtrainer Jörg Berger, die Rechtschreibereform, der DDR-Altschulden-Kompromiß. Nachvollziehen? Nichts als eine geschwollene Phrase. Je nach Thema und Gegenstand wüßte ich für alle Nachvollzöglinge ein paar vernünftige Verben: Nachempfinden, verstehen, einordnen, nachfühlen, durchschauen, kapieren. Hartnäckigen Nachvollzöglingen empfehle ich Nachvollzugsentzugs-Therapie in einer Nachvollzugsanstalt.

Sinneswandel

Wenn wir das Wort wissen, kennen wir zunächst noch nicht seinen Sinn. Erst im Kontext, im Textzusammenhang, erschließt sich uns die Bedeutung des Wortes. Die Bedeutungsvielfalt des Wortes ist einerseits Reichtum, andererseits Tücke der Sprache. Zu den bedeutungsvielfältigen Wörtern gehört »Ort«. Neben dem Ort, sozusagen als Ortsbezeichnung, gibt es den Ort als Synonym für Pfriem, ein Werkzeug des Schusters also, und den Ort in der Bedeutung des Endes einer Bergmannstrecke (»Kohlenstaubexplosion vor Ort – alle Bergleute gerettet«). Längst ist das Knappendeutsch »vor Ort« von der Umgangsprache annektiert und umgedeutet worden, und wenn man früher sagte: »Der Ministerpräsident begab sich an Ort und Stelle«, heißt es neuerdings »... begab sich vor Ort«. Nehmen wir's gelassen. Es gibt unendlich viele Beispiele für semantische (Bedeutungs-)Veränderungen. »Rasant« ist eigentlich »flach verlaufend, gestreckt (bei der Flugbahn von Geschossen)«, aber mittlerweile steht in den Zeitungen »rasant« für »sehr schnell, rasend, blitzartig«. Wir müssen's wohl erleiden und akzeptieren – täglich und allerorten. Und natürlich erst recht vor Ort.

Plas-Tick

Einer Forsa-Umfrage zufolge ist Günther Jauch Deutschlands sympathischster Prominenter. Glückwunsch. Auch mir gefällt der kecke unverschnörkelte Jüngling. Jauchs Sprache ist knapp, geradezu und besenrein. Indessen erlag er bei einem Interview mit einem Dreikäsehoch-Weidmann einem semantischen Irrtum. Also: Die in Berlin mit Spannung verfolgte Jagd auf ein vermeintlich quicklebendiges (und womöglich gefährliches) Reptil endete ganz undramatisch.

Der junge Nimrod laG auf der geschlängelten Beute »Made in China«. Dazu Jauch: »Es war also eine Plastikschlange!« Plastik? Aber Günther! Für Plastiken sind Bildhauer oder Organtransplanteure zuständig. Leider ist in Deutschland die Ignoranz weit verbreitet, die »Plastiktüten«, »Plastikbestecke«, »Plastikbehälter«, »Plastik-Cards« und ähnlichen Unsinn in Umlauf setzt. Dabei handelt es sich bei diesen Kunststoffgebilden immer um aus Plast (Mehrzahl Plaste) fabrizierte Artikel. Aber Millionen Konsumenten haben meinen Hinweis bald wieder vergessen. Spätestens jedes Jahr zu Weihnachten gibt es eine neue Plastik-Welle: Plastikspielzeug für Kinder. Von Plastik-Weihnachtsbäumen gar nicht zu reden.

Zwiegespräche

Der Frühstücksfernseh-Meteorologe: »Den Wind habe ich schon angesprochen …« Sprach's und wandte sich den Temperaturen zu. Angesprochen. Es ist, wie jeder taktvolle Mensch empfindet, unfein, mir nichts, dir nichts irgendeine Person anzusprechen. Und schon gar den Wind, von dem wir nicht einmal wissen, ob er zu einem Dialog aufgelegt ist. Wie auch immer: Das Ansprechen von irgendwelchen Problemen, Plänen und Projekten stand schon zu DDR-Zeiten auf der Tagesordnung. Fast berührt es mich nostalgisch, daß der Gesprächsfaden nicht abgerissen ist. Neulich las ich auch wieder die Variation eines so ähnlich formulierten Satzes: »Bei uckermärkischen Bauern sind vor allem Rinder und Schafe im Gespräch …« Ich ahnte es schon immer: Nicht nur Papageien sind zur Wortlautbildung befähigt. Vor zwei Jahren, beim Besuch des verhüllten Berliner Reichstags, legte ich mein Ohr ganz dicht an einen Glitzerstoff-Fetzen und hörte ihn tatsächlich sprechen. Es war eben ein Gesprächsfetzen.

Zeitgewinnler

Der Stadtbaudirektor wurde in einer Fragestunde des Parlaments gefragt, ob das Wohnungsbauprogramm termingerecht realisiert werde. Die aufrichtige Antwort hätte lauten müssen: Nein. Was aber sagte der rhetorische Zeitgewinnler tatsächlich? Er deklamierte: »Nun – das ist eine sehr interessante Frage! Ich denke mal so: Man muß dazu offen und ohne Umschweife Stellung nehmen. Was also, sage ich mal, das Wohnungsbauprogramm als solches betrifft, so möchte ich sagen beziehungsweise würde ich sagen wollen, daß, nun es ist doch so, daß, wenn Sie so wollen, die Bautätigkeit hinsichtlich der Erstellung von Wohnungseinheiten für die Bevölkerung gewissermaßen wegen der hier im einzelnen nicht in allen Parametern aufzuzählenden objektiven Schwierigkeiten ...« Zwischenruf: »Wie ist denn nun, Herr Stadtbaudirektor, die aktuelle Lage im Wohnungsbausektor?« – »Wie schon eingangs erwähnt, ist eine absolute Aussage insofern nur relativ möglich, als ...« Echo von der Oppositionsbank: »Verdammt noch mal: Sind die Wohnungen fertig?« Abschließendes Statement des Referenten: »Wie schon, wenn auch mit anderen Worten, eingangs ausgeführt, vermute ich mal: Nein!«

Zweierlei Maß

Das Anhängsel mäßig setzt einen klanglich-ästhetisch mäßigeren Akzent als das Suffix gemäß. Leider kann man mäßig nicht pauschal durch gemäß ersetzen. Die Adjektive rechtmäßig, verhältnismäßig, gesetzmäßig, fahrplanmäßig oder gleichmäßig lassen sich nicht ohne weiteres zu rechtgemäß, verhältnisgemäß, gesetzgemäß, fahrplangemäß und gleichgemäß umtopfen. Andererseits ist nicht einzusehen, warum Mäßigkeitsfanatiker solche gemäßen Wörter wie wunschgemäß, sinngemäß, naturgemäß, standesgemäß und fristgemäß unbarmherzig zu ermäßigen trachten. Da kann ich nur sagen: Mäßiggang ist aller Laster Anfang! Ein Landwirt, befragt, wie es in seinem Betrieb mit der Viehzucht aussehe, soll geantwortet haben: »Rinds- und schafsmäßig saumäßig!«

Positiv-negativ

Was gefällt besser: Lange Krankheit hat seine körperliche Entwicklung negativ beeinflußt oder: Lange Krankheit hat seine körperliche Entwicklung beeinträchtigt? Zweites Beispiel: Ein gutes Elternhaus beeinflußte seinen Charakter positiv oder: Ein gutes Elternhaus förderte seinen Charakter. Und ein drittes: Sie war negativ gestimmt oder: Sie war verstimmt. Positiv-negativ. Ich kenne Leute, denen mangels ausreichenden Wortschatzes »positiv« und »negativ« als adverbiale oder attributive Krücken unentbehrlich erscheinen. Statt »beeinträchtigen« formulieren diese Positivnegativisten (siehe oben) »negativ beeinflussen«, statt »ja sagen« – »positiv antworten«, statt »loben« positiv beurteilen«, statt »tadeln« – »negativ beurteilen«, statt »applaudieren« – »positiv reagieren«, statt »kritisieren« – »negativ einschätzen«, statt »ablehnen« – »negativ entscheiden« und statt »es hat sich gelohnt« – »es hat sich positiv ausgewirkt«. Der mannigfaltigen Beispiele kurzer Sinn: Die Positiv-Negativ-Masche trägt nicht zur Sprachbereicherung bei. Es gibt genug Wörter, die Negatives und Positives eindeutig markieren. Überlassen wir positive Bilanzen den Buchhaltern und die Negative den Fotografen.

Krumme Tour

Auch der Tourismus ist nicht mehr, was er mal war. Früher ließ er sich leicht definieren: Tourismus = Gesamtheit des Fremdenverkehrs, besonders in Form von Ferienreisen. Wenn heutzutage von Tourismus die Rede ist, muß exakt spezifiziert werden: Waffen- und Kriegsgerät-Tourismus, Katastrophen-Tourismus, Sex-Tourismus, Schlachtvieh-Tourismus, Bombenattentats-Tourismus, Spermatozoen-Tourismus, Plutonium-Tourismus, Giftmüll-Tourismus, Organtransplantate-Tourismus, Asylanten-Tourismus, Dünen-Tourismus, Ikonen-Tourismus, Seuchen-Tourismus, Scientology-Tourismus, Planeten-Tourismus, Koralleninsel-Tourismus, Geld- und Kredit-Tourismus, Schlagwort-Tourismus ... alles eben, was, oft mehr illegal als legal, auf die Reise geschickt, weltweit in Umlauf gebracht, besichtigt und verschoben wird. Nachdem ich neulich eine Schellfischgräte verschluckt hatte, tröstete mich der Arzt: »Keine Angst! Fremdkörper-Tourismus via Speiseröhre, Magen und Darmausgang nimmt meistens ein gutes Ende. Ihrem geplanten Traumschiff-Tourismus steht nichts im Wege!«

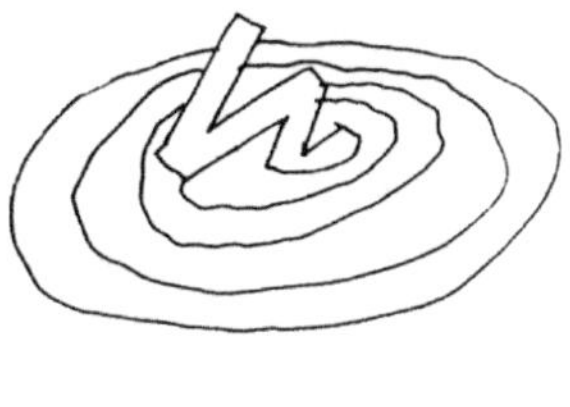

Teile und dominiere!

Nach dem Ableben des Augustiner-Abts Johann Gregor Mendel (1884) sind die Wörter »dominant« und »rezessiv« von der biologischen Terminologie in die Umgangssprache übergetreten. Längst gelten nicht nur braune Augen und schwarze Karnickelfelle als dominant sowie blaue Augen und weiße Stallhasenpelze als rezessiv, sondern auch jeder Sportreporter weiß von dominanten österreichischen Alpinen oder dominanten deutschen Tenniscracks zu berichten. Dagegen ist wenig einzuwenden. Wer dominiert, spielt eine beherrschende Rolle, und wer dominiert wird, ist der Herrschaft überlegener Athleten ausgeliefert. Bedenklich wird die Sache allerdings, wenn, was immer öfter geschieht, transitiv dominiert wird, wenn also, sagen wir mal, Tomba den Wasmeier, Friedl den Hackl oder Kaufbeuren Weißwasser dominiert. Es fällt mir schwer nachzuweisen, daß transitives Dominieren dudenwidrig ist, aber mit einer sprachstilistischen Sternstunde haben wir es bei solchen Rede-Wendungen jedenfalls nicht zu tun. Ich bekomme immer Dominierenkoliken, wenn ich zum Beispiel höre: »Die Schauspielerin M. wurde von ihrem Ehemann verlassen, weil sie ihn jahrelang dominiert hatte!« Schöne Schweinerei. Auch weil mir das Wort Domina in Zeitungsannoncen neuerdings öfter begegnet, habe ich ein Mißtrauen gegenüber dominierenden Vokabeln. Ich mag nicht glauben, daß man das Verb »beherrschen« skrupellos durch »dominieren« ersetzen muß. Freilich gehe ich nicht so weit, ein striktes Dominierungsverbot zu fordern. Ich bin kein Choleriker. Ich kann mich beherrschen – pardon: dominieren.

Bedürftigkeit

Die Zeiten, als man sich bei dem Wort »Bedarf« immer nur Materielles vorstellte (man denke an die genitivisch amputierte Handelskette »Waren täglicher Bedarf«) sind ein für allemal vorbei. Siebengescheite, namentlich solche in Regierungskreisen, in parlamentarischen Sphären und Redaktionsstuben, haben längst das Vokabular immaterieller Bedürfnis-

se entdeckt: »In Berlin besteht hinsichtlich einer Bezirksreform Abstimmungsbedarf ...« Diesen Satz las ich im Januar 1997 in einer überregionalen Zeitung. Da sieht man's also: Die Nachfrage nach Bananen, Frühlingsquark und Teneriffa-Ferienreisen ist »out«, »in« ist der plebiszitäre Bedarf. Und nicht nur der! Es gibt Entscheidungsbedarf, Handlungsbedarf, Aufklärungsbedarf. Jedenfalls aus Sicht der Parteien. Und sogar die oppositionelle SPD ist um des lieben Kompromisses willen längst bereit, einen Unterscheidungsbedarf zwischen den Parteien zu leugnen, denn es besteht in den Lebensfragen der Nation Übereinstimmungsbedarf. Natürlich sind meine naseweisen bedarfsdeckungsorientierten Anmerkungen nicht im Sinne der Bundesregierung, die aus dem Mund ihres Pressesprechers demnächst erklären wird: Es besteht, was die politischen Richtlinien des Kanzlers betrifft, kein Mißbilligungsbedarf, schon gar kein Rücktrittsbedarf.

Prinzipienfestes

Das Prinzip hat sich im Prinzip auch dort in die Sprache eingeschlichen, wo man im Grundsatz sowie grundsätzlich und prinzipiell darauf verzichten sollte. Das Tückische am Prinzip (deutsch: Grundsatz) ist dessen zweifache Auslegung: Einmal hat das Prinzip ausschließende (er rauchte prinzipiell nicht = er rauchte nie), ein andermal relativierende Bedeutung (er rauchte im Prinzip nicht, aber sonntagabends gelegentlich doch). Völlig unsinnig werden »prinzipiell«, »im Prinzip« oder »grundsätzlich« jedoch, wenn sie als Flickwort-Floskeln in den Dialog einfließen: »Liebst du mich?« – »Im Prinzip ja!«, »Prüfung bestanden?« – »Im Prinzip durchaus!«, »Angenehme Nachbarn?« – »Im Prinzip schon!« Und das fehlte noch: »Lebt Ihre Urgroßmutter noch?« – »Im Prinzip vielleicht!« Mein Vorschlag: Man sollte aufs bombastische Prinzip prinzipiell verzichten. Man kommt nämlich auch ohne dessen Artikulation ganz gut durchs Leben. Im Prinzip.

Wer Sorgen hat – hat ein Problem

Wo man geht und hört – Wortsinnverzerrungen und Wortsinnveränderungen gehören zu den verbalen Modemacken unserer Zeit. Bitte: Der Skisprung-Schanzenadler hat Probleme mit seinem linken Knie, der zölibatverdrossene Pfarrer Probleme mit seinem Bischof, der Allergiker Probleme mit sommerlichem Pollenflug, die Ehefrau Probleme mit ihrem Tag-für-Tag-Spätheimkehrer, der Bundeskanzler Probleme mit seinem Verkehrsminister, das Mastschwein Suse Probleme mit seinem Metzger. Und so weiter. Probleme, soweit Ohr und Zunge reichen. Die Aussage eines brandenburgischen Landrats »Wir bekämpfen diese Probleme und werden sie schließlich beseitigen!« enthüllt und verdeutlicht den Mißbrauch des Wortes Problem, das in Wahrheit eine »zu lösende Frage« bedeutet. Nun hat unser Landrat bestimmt nicht sagen wollen »Wir bekämpfen diese ungelösten Fragen und werden sie schließlich beseitigen!« Um Gottes willen! Bekämpfung und Beseitigung von Fragen sind untaugliche Mittel zur Problembewältigung. Der landrätliche Aussage-Unsinn rührt eben von der Unzulässigkeit her, Probleme und Sorgen in einen Topf zu werfen. Genaugenommen ist freilich schon Wilhelm Busch verdächtig, Probleme und Sorgen identifiziert zu haben. Er dichtete bekanntlich frommhelenisch: »Es ist ein Spruch von ehedem: Wer Branntwein hat, hat ein Problem!« Oder?

Bringebund

Mir ist aufgefallen, daß immer mehr und immer öfter eingebunden wird sowie eingebracht. Das Einbinden von Büchern praktizierte und beherrschte schon mein Großvater Arthur Stengel, Buchbindermeister in der Greizer Parkgasse. Aktuelle Einbinder sorgen eher dafür, daß nicht Bürger, sondern einbindungswillige Bürger eingebunden werden, und zwar in kommunale Projekte und Visionen. Wer heutzutage nicht irgendwo und irgendwie eingebunden ist, gerät in Verdacht, gesellschaftlich distanziert zu gammeln und herumzulungern. Da ehrt es den sozial und demokratisch fühlenden Mitmenschen schon gar sehr, wenn er von sich sagen kann: »Ich habe mich in den Aufschwung Ost unentgeltlich eingebunden!« Mit dem Einbringen ist es ähnlich. Wer sich früher schlicht zur Verfügung stellte, sich einsetzte oder engagierte, der ist neuwörtlich entschlossen, sich ohne Wenn und Aber »einzubringen«. Zwar sind beide modischen Vokabeln philosophisch nicht zu beanstanden, aber ob ihre Einbindung in die Alltagssprache etwas eingebracht hat, bezweifle ich sehr.

Nichtigkeiten

»Das ist nicht meine Moderation!«, sagte sibyllinisch der eidgenössische Frühstücksfernseh-Meteorologe Jörg Kachelmann eines schönen März-Dienstagmorgens. Aber der sympathische Tausendsassa meinte es nicht buchstäblich so, sondern mehr neo-redensartlich, so also: »Heute bin ich ein bißchen fahrig, gewissermaßen nicht auf der Höhe meines rhetorischen Leistungsvermögens!« Kachelmanns Moderation, die angeblich nicht seine Moderation war, war also dennoch seine. Ich zweifle, ob ein Satz wie »Das ist nicht meine Moderation!« genauso legitim ist wie die neumodische Floskel »Das ist eben nicht mein Tag!« Hier spürt man wenigstens den (Tief-)Sinn der Aussage. Aber wenn man sich von einer Person oder einer Sache distanziert, obwohl man sich eigentlich nicht wirklich davon trennen will, wird es komisch: »Hier stelle ich Ihnen meine Frau vor, aber sie ist heute nicht meine Frau!« Ein Angebot?

Phrasenlatscher

Wenn meine Kindeskinder von ihren Kindern und Enkelkindern dreist gefragt werden, wie ich, der Ur- und Ururopa, in den 90er Jahren des 20. Jahrhunderts als Kabarettist und Dozent so (vor-mich-hin-)geredet habe, könnte die Auskunft etwa so lauten: »Im Prinzip und überhaupt kam es ihm darauf an, wie und ob er bei seinen Zuhörern ankommt, ob er's rüberbringt und ob er davon ausgehen kann, daß sein Publikum echt nachvollzieht, was er im Vorfeld oder im nachhinein, wenn auch relativ zögerlich, aber niemals außen vor und immer in Größenordnungen …« Und wenn der Berichterstatter plötzlich feststellt, daß er sich in der Mitte einer schnarchenden Kids-Korona befindet, wird er sich mit dem Seufzer »Dies ist wohl nicht mein Tag!« zur Nachtruhe begeben.

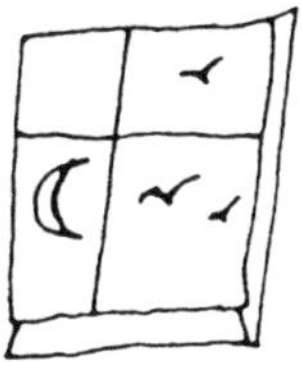

Allesfresser

Der Meteorologe (wieder mal der von neulich) überraschte mich mit der Nachricht, daß der Morgennebel spätestens gegen Mittag »gegessen« sei. Da ich mich auf Makkaroni mit Ketchup gespitzt hatte, fiel mir kulinarische Neuorientierung auf »mist« (so nennen die Engländer den auf der britischen Insel nicht seltenen und wenig schmackhaften atmosphärischen Grauschleier) schwer, denn Nebel gehört nicht zu meinen fünf Leibgerichten. Soweit der Humor. Was nun im Ernst diese Modemacke (à la »Der Schwelbrand? Nun, der ist bei unserem intensiven Feuerwehreinsatz in einer

Stunde gegessen!«, »Kann ich meine Schuhe, Herr Riemchen, am Wochenende abholen?« – »Ach was! Die sind schon morgen gegessen!« oder »Hallo, ist dort die Friedhofsverwaltung? Ich stecke im Stau. Komme ich um elf noch rechtzeitig zur Trauerfeier Kummerlöwe?« – »Leider nein! Die sterblichen Überreste sind schon dreiviertel elf gegessen!«) – was also diese »gegessenen« Wetterunbilden, Katastropheneinsätze, Reparaturen, Grablegungen und so weiter betrifft, so ist jeder, der mir damit kommt, für mich gegessen, oder deutlicher: Den hab ich genascht, wenn nicht gar gefressen.

Pfiffig

Hast du zu tun mit Sprachproblemen,
heißt es zur Mundart Zuflucht nehmen.
Bedienst du dich des Dialektes,
verargt dir niemand Unkorrektes.

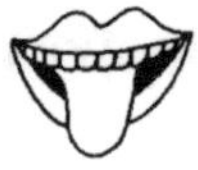

Geflügeltes

Als Kinder, wie ich mich gut erinnern kann, sagten wir »Flieger«, wenn wir Flugzeuge meinten. Sprachpfleger korrigierten streng: Flieger sind Piloten, Flugzeuge indessen jene technischen Gebilde, die sich, von Lilienthals Jüngern kutschiert, in die Lüfte erheben wie Nachtigall und Albatros.

Fazit solcher Belehrung: Flieger sind Flieger und Flugzeuge Flugzeuge. Basta. Heutzutage, sechzig Jahre nach meinen Kindheitsfehlleistungen, haben sich Flieger als Flugzeuge umgangssprachlich durchgesetzt. Nur Sprachpedanten halten fest an korrekten Bezeichnungen, Routine-Fluggäste indessen fliegen mit dem Flieger, obwohl sie sich persönlich ebenfalls ganz Flieger (Vielflieger, Ab-und-zu-Flieger usw.) fühlen. Lediglich die tatsächlichen Flieger heißen nirgends mehr Flieger, sondern Piloten, Kommandanten oder Bordpersonal. Es ist ähnlich wie mit den Trucks. Anhalterinnen freuen sich, einen Trucker besteigen zu dürfen, und sie meinen selbstverständlich den Truck und nicht den Fahrer desselben.

Essensarbeit

»Arbeit macht das Leben süß!« Gilt das Sprichwort auch noch heute und ganz allgemein? Zu bedenken ist schließlich, daß es aktuell Arbeiten gibt, die eine Gaumen- und Gedankenverbindung zu Süßigkeiten kaum denken (und schmecken) lassen: Kanalisationsarbeiten, Entsorgungsarbeiten, Stallentmistungsarbeiten, Minenräumarbeiten, Schularbeiten, Sisyphusarbeiten, Strafarbeit und Fronarbeit. Arbeit, arbeiten, Arbeiter – das Arbeitsvokabularium hat sich in den vergangenen Jahrzehnten beträchtlich erweitert. Da gibt es beispielsweise die Öffentlichkeitsarbeit, ein Ressort, bei dem ich ausnahmsweise das angloamerikanische Kürzel PR (Public relations) vorziehe, zumal beim deutschen Wort ziemlich aufdringlich und unangemessen mit »Arbeit« kokettiert wird, als sei die Mitarbeit in den Abteilungen Finanzen, Soziales oder Kultur nicht mit Arbeit verbunden. Dann das Arbeitsessen in diplomatischen Sphären! Sind die am Arbeitsessen Beteiligten etwa Essensarbeiter? Das fehlte noch: Arbeitstrinken mit Trinkarbeitern, Arbeitsmusizieren (bei protokollarischen Clinton-Saxophon-Auftritten) und das da: Vergangenheitsaufarbeitungsarbeit als Trauerarbeit sühnender seinerzeit staatsnaher DDR-Bürger. Realitätsfern ist die alte Bibelempfehlung, daß nicht essen soll, wer nicht arbeitet. Ganz und gar indiskutabel, weil inhuman, wäre schließlich Nahrungsmittelentzug für vier Millionen arbeitsloser Deutscher.

Redewendehälse

Redewendungen können nicht gegen alle Regeln der Kunst verdreht und verbogen werden – es sei denn, der Verfasser zielt bewußt auf den komischen Effekt. Dann allerdings darf man schon mal statt »Ich bin fix und fertig« sagen »Ich bin fix und alle« oder statt »Leben Sie wohl!« – »Leben Sie sowohl als auch!« Wenn indessen ein seriöser Reporter bei seriöser Gelegenheit – ich habe die folgenden Sätze an einem einzigen Tag notiert – artikuliert »Ich finde es schade ...« (statt »Ich finde es bedauerlich« oder »Schade, daß ...«), »Er fällt mir lästig« (statt »Er fällt mir zur Last«), »Er hat seine Ware losgekriegt« (statt »Er ist seine Ware losgeworden«) und

»Nach geraumer Weile« (statt »Nach geraumer Zeit«) – dann geht so laxer Umgang mit kultivierter Sprache dem Inhaber sensibler Ohren keineswegs über die Hutkordel, sondern regelrecht über die Hutschnur.

Wirkstoffelei

Das namentlich in Teenager-Kreisen artikulierte Neo-Deutsch halten viele Erwachsene für unzumutbar. Ich plädiere für Toleranz. Fassen wir uns doch mal an die eigene Zunge! Sind etwa »echt gut«, »total irre« oder »urst fetzig« hohl(kehl)köpfiger als »wirklich gut«, »wirklich schlimm« und »wirklich skandalös«? Sie merken schon: Ich ziele auf die unsinnige Sprach-»Wirklichkeit«, die attributiv nicht mehr leistet als Echtheit, Totalität und das nicht recht einzuordnende Urst. Man kann sein Bankkonto darauf verwetten, daß dem wohligen Seufzer (angesichts etwa der Alpenkette oder der sinkenden Ostsee-Abendsonne) »Ach, ist das

schön!« die Reaktion folgt: »Ja, das ist wirklich schön!« Sagt man »Es ist traurig, daß X. Y. gestorben ist!«, kommt wie aus der Pistole geschossen prompt das Echo: »Es ist wirklich traurig!« Zusammengefaßt: Wer im wirklichen Glashaus sitzt, soll nicht mit echten, totalen und ursten Steinen werfen. Wirklich nicht.

Mit und ohne

Evelyn Künneke und Dagmar Frederic bewiesen anläßlich einer talkähnlichen Fernsehbefragung, daß Mimen, namentlich Entertainer, ohne abgeschmackte unterhaltungsspezifische Modernismen nicht auszukommen vermögen. Ich notierte Dutzende kuriose bis hochnotpeinliche Vokabeln und Redensarten: »Das muß man eben rüberbringen ...«, »Ohne dem (!) geht es nicht«, »Damit muß ich leben!«, »Weil es muß beim Publikum ankommen«, »... machen viele mit links«, »... und fahren die Leute darauf ab«, »... muß man was gucken lassen«, »... scheußlich, wie die ihre Zuschauer anmachen«, »... und denken die sich: spuck's aus!«, »... wird es ziemlich eng«, »... muß man einfach wegstecken«. Kulturgeschichtsforscher des nächsten Jahrtausends können forschen und forschen und forschen. Unterhaltungssprachkultur werden sie in den 90er Jahren unseres Jahrhunderts kaum entdecken. Allenfalls Sprach-Subkultur.

Das ist die Frage aller Fragen

Bei Betrachtung umgangssprachlicher »Fragen«-Komplexe kann man schon Komplexe bekommen. Was gibt es im Bereich der fragmentarischen Fragewortfamilie neuerdings nicht alles für Fragen (in Frage) zu stellen! Längst weiß der Fragesteller, daß es auf jede Frage zwei Antworten gibt: »Da bin ich überfragt!«, »Das muß man hinterfragen!« Nur eine tatsächliche, konkrete Antwort ist nicht einzuheimsen. Je heikler die Frage, desto fragwürdiger die Antwort. Wir alle haben uns resignierend daran gewöhnt, statt einer entschiedenen Antwort eine Gegenfrage kassieren zu müssen. Allenfalls wird das Frage-Antwort-Spiel von dem tautologischen Hinweis gekrönt, daß die gestellte Frage problematisch sei. Ignoranten und Flapse begnügen sich bei kniffliger Befragung sogar mit dem dünkelhaften Klischee »Frag mich was Leichteres!«

Gänseklein

Das Semikolon ist verschwunden, die Anführungszeichen hingegen erscheinen uns gegenwärtig und zukünftig unentbehrlich. Aber, so finde ich, unentbehrlich nur zur Markierung der wörtlichen Rede. Darüber hinaus ist die Gänsefüßchen-Liebhaberei eher ärgerlich. Längst heißen »Tages-

spiegel« und »Berliner Zeitung« schlicht Tagesspiegel und Berliner Zeitung, und fröhliche Zecher versammeln sich im Bären, im Schwan oder Hirsch, nicht hingegen im »Bären«, »Schwan« und Hirsch«, weil auch der Dümmste bei amputierten Gänsefüßchen sehr wohl zwischen Zoologie und Gastronomie zu unterscheiden weiß. Ich gestehe, extrem anführungszeichenfeindlich zu sein, weil Anführungszeichen dazu verführen, Ironie und bildliche Wendungen (wie Metaphern) begriffsstutzigen Lesern unmißverständlich einzu(holz)hämmern. In solchen Fällen muß von journalistischer Arroganz gesprochen werden. Wenn in einer Ostthüringer Zeitung von einem Verkehrsunfall berichtet wird, bei dem

am PKW »Beulen« zurückgeblieben sind und wenn an anderer Stelle gezweifelt wird, ob die SPD mit ihrem Wunschkandidaten Frank Schmidt aufs richtige »Pferd« gesetzt hat, muß sich der Leser gänsefußgerecht verarscht fühlen, denn nicht mal das einfältigste Schaukelpferd verwechselt den wirklichen Gaul mit dem redensartlichen Roß. Fazit: Obwohl ich keine Weihnachtskerze bin, geht mir die Anführungszeichenseuche auf den Docht.

Gerammt

Wie man informiert und zugleich desinformiert – dieses Kunststück hat BILD in jahrzehntelanger Praxis zu höchster Perfektion kultiviert – oder besser: subkultiviert. Balken-

Zweizeiler am 15. Februar 1996: *MIT TEMPO 100! RUSSIN RAMMT DEUTSCHEN FUNKTIONÄR!* Die Schlagzeile suggeriert dem Leser, daß die russiche Abfahrtsläufern (Tatjana Lebedewa) dem deutschen Ski-Funktionär (Harald Schönhaar) pistenverkehrswidrig in die Flanke gebrettert ist. In Wahrheit ist es bei den Ski-WM in der Sierra Nevada genau umgekehrt gewesen: Schönhaar tummelte sich unerlaubt auf der Trainings-Abfahrtstrecke und verschuldete beim Zusammenprall mit Tatjana Lebedewa deren Schienbeinbruch sowie den Bruch des zweiten Fußknochens am rechten Bein. Das Bundesverfassungsgericht hat entschieden, daß ungezielte verallgemeinernde Zitierung des Tucholsky-Urteils »Soldaten sind Mörder« als freie Meinungsäußerung nicht bestraft werden dürfe. Inwieweit im Rahmen der Verfassung allgemein oder im Einzelfall Journalisten als Rufmöder bezeichnet werden dürfen – diese Karlsruher Entscheidung steht noch aus.

Zehntes Kapitel

WORTWECHSELBÄDER

Vollkommen unvollkommen

Der Richter zum Kläger: »Und was hat der Angeklagte zu Ihnen gesagt?« Der Kläger: »Sie sind ein vollkommener Idiot!« Der Richter abwiegelnd: »Nehmen Sie's nicht so tragisch. Niemand ist vollkommen!« Dieser Dialog weist auf den mißbräuchlichen Umgang mit dem Adjektiv *VOLLKOMMEN* hin und entlarvt dessen unangemessen sprachlichen Einsatz bei Aussagen, wo eigentlich *VÖLLIG* gesagt werden müßte. Die Gleichsetzung des Eigenschaftsworts *VOLLKOMMEN* und des Umstandsworts *VÖLLIG* ist auch nicht mit dem Argument zu entschuldigen, große deutsche Dichter wie Hermann Hesse und Goethe hätten eigenschaftswörtliche Vollkommenheit mit der Vokabel *VÖLLIG* in einen Topf geworfen. Sätze wie »Ihre Behauptung ist vollkommen falsch!«, »Die Wohnung wurde vollkommen verwüstet« oder »Der Marathonläufer war vollkommen außer Atem« sind nicht korrekt. Sowenig es Theodor Hendrik van de Veldes Klassiker »Die völlige Ehe« gibt, so minder einleuchtend ist ein vollkommener Nervenzusammenbruch – es sei denn, er ist vollendet schön, was aber bei einem Kollaps kaum diagnostiziert werden kann. Merke: *VOLLKOMMEN* liegt in der Nähe von *IDEAL*, *PERFEKT*, *KLASSISCH* und hat immer positive Färbung. Das Gute an diesem Artikel ist also die Tatsache, daß er keinesfalls vollkommene Verwirrung stiften kann. Höchstens völlige.

Gleich und selb gesellt sich gern

Wenn zwei das gleiche tun, dann ist es nicht dasselbe. Wie wahr. Die Torheit des Gastes, der vom Kellner dasselbe Essen wünscht, das der Herr am Nebentisch soeben verzehrt, gehört allenfalls in die Witzliteratur. *DASSELBE* gibt es eben nur einmal. *DAS GLEICHE* hingegen existiert mehrfach. Zwillinge können gleichzeitig nur gleiche T-Shirts tragen, nicht aber dieselben. Was für konkrete Sachen gilt, hat auch in

abstrakten Bereichen Gültigkeit. Die Opel-Automobilisten Schulze, Seifert und Schmidt haben zwar gleiche Autos, aber womöglich dieselbe Religion und Philosophie. Noch eins: Keine Angst vor der Vokabel *DASSELBE*, wenn es sich um tatsächlich Identisches handelt. Was am selben Tag passiert, sollte nicht als Ereignis vom gleichen Tag gemeldet werden. Der gleiche Tag ist nämlich nicht derselbe, sondern der gleiche Tag in einem ganz anderen Jahr. Beispiel: Der Maler und Grafiker Frans Masereel ist am gleichen, nicht aber am selben Tag geboren wie der Wortadellist Stengel.

Wer den Schaden hat

Im periodisch tagenden Wortadella-Freundeskreis erzählte Hans-Eberhard: »Bei diesem fürchterlichen Autounfall erlitt mein Daihatsu zwar Totalschaden, aber Renate und ich blieben unbeschadet!« – »Du solltest sagen, Hans-Eberhard«, kommentierte ich sarkastisch, »ihr beide seid also vermöge sowie hinsichtlich, kraft, behufs, gemäß, infolge und statt davongekommen!« – »Was soll der Blödsinn«, raunzte Hans-

Eberhard, »habe ich mich falsch ausgedrückt? Gefällt dir, dem größten Wortimmundumdreher aller Zeiten, etwa nicht, daß wir unbeschadet überlebten?« – »Es gefällt mir schon, Hans-Eberhard, daß Renate und du keinen Schaden genommen haben, aber unbeschadet dieser glücklichen Fügung solltest du, wie ich schon in meiner Glosse ›Unbeschadstoffe‹ anmerkte, *UNBESCHADET* und *UNBESCHÄDIGT* nicht in einen Topf werfen!« – »Unbeschadet, unbeschädigt – das kommt doch aufs gleiche hinaus«, nörgelte Hans-Eberhard. »Nein, nein und nochmals nein«, widersprach ich energisch. »*UNBESCHADET* ist ein Verhältniswort, eine Präposition, wogegen *UNBESCHÄDIGT* eigenschaftswörtlich funktioniert.« – »Unbeschadet dieser nützlichen Lektion«, seufzte Hans-Eberhard, »solltest du mit deinen aufdringlichen Belehrungen etwas zurückhaltender sein. Sonst provozierst du meine Aggressionsgelüste. Und ich glaube nicht, daß du einen Zweikampf mit mir unbeschädigt überstehst!«

Gute Besserung

Man kann seinen Lebensstandard, seine Verwandtschaftsbeziehungen, seine Gesundheit, Körperpflege, handwerkliche Fähigkeiten oder Sprache und Schrift verbessern – nicht aber Fehler, Mängel und Schwächen. Die kann und sollte man berichtigen, korrigieren, ausrotten, beseitigen, ausmerzen, tilgen. So einleuchtend diese These ist – so unverwüstlich scheint die Sitte zu sein, orthographische Irrtümer des Schülers »verbessern« zu lassen. Ich hoffe dennoch, daß moderne Lehrer nicht mehr wie zu meiner Schulzeit auf »Verbesserung« bestehen, sondern auf Berichtigung. Vorgestern tadelte mich Marieluise, nachdem sie mir fortgesetzt »naus« zugemutet hatte und ich die Umformulierung »raus« forderte: »Immerzu mußt du mich verbessern!« Ich redete fast eine Stunde auf Marieluise ein, um ihr klarzumachen, daß es Sache der Eugeniker sei, Menschen zu »verbessern«, daß indessen ich mich maßvoll darauf beschränken wolle, sie, Marieluise, wo nötig zu korrigieren. Aber ich hatte kein Glück. Als Marieluise sich von mir trennte, sagte sie zum Abschied nicht etwa »Du ekelhafter Korrektor!«, sondern reagierte unbelehrbar rückfällig: »Weißt du, was du aus meiner Sicht bist? Ein Verbesserwisser!«

Shop-Stop

Daß man angesichts fortschreitender Amerikanisierung (namentlich im marktwirtschaftlichen Bereich) der deutschen Sprache für Saftladen eigentlich Juice-Shop sagen sollte, ist ein Witz, den ich schon vor vierzig Jahren hörte. Glücklicherweise haben sich einige Läden strittmatterseidank verbal noch nicht verdrängen lassen. Es gibt sie noch: den Bauchladen (statt Belly-Shop), den Rolladen (statt Rock'n'Roll-Shop), Schuttabladen (statt Rubbish-off-Shop) und sogar einen Ostthüringer Zeitungsladen (ich verrate nicht, ob in Gera, Greiz oder Saalfeld). Dem gegenüber zählte ich in derselben Region elf Presse-Shops. Wenn das so weiter geht, werden wir angesichts überhandnehmender Shopschilder staunend und offenen Mundes Opfer einer Kinnladenverrenkung werden. Kinnladen? Pardon: Chin-Shop.

In-Zucht

ETWA bedeutet etwa: ungefähr, zirka, grobgeschätzt, über den Daumen gepeilt, quasi, annähernd, auch beispielsweise. *ETWA* ist zwar kein unerhört schönes Wort, aber ein vernünftiges. Nun aber: Die *ETWA*-Fans haben sich inzwischen zu *IN-ETWA*-Freaks emporqualifiziert: »Sie ist in etwa fünfunddreißig Jahre alt«, »Der Flug nach Kopenhagen dauert in etwa zwei Stunden«, »Die Veranstaltung wurde von überwiegend in etwa fachkundigen Zuhörern besucht«, »In Monte Carlo war zu Weihnachten in etwa frühlingshaftes Wetter« und so in etwa weiter. Abgesehen von der *IN*-Novation der Vokabel *ETWA* zu *IN ETWA* ist der *IN*-Trend allgemein – pardon: IM allgemeinen unübersehbar. *BEZÜGLICH* ist der Wendung *IN BEZUG AUF* deutlich unterlegen. *INSBESONDERE* hat Vorrang vor *BESONDERS*, *INSGEHEIM* ist beliebter als *HEIMLICH*, 1997 ist weniger chic als »in 1997«, und *FALLS* wird ausrangiert von *IM FALLE*. Diesen Satz las ich neulich in der Zeitung: »Im Falle er entschuldigt sich, kann von einer Bestrafung abgesehen werden!« Im Falle ein Ausländer drückte sich derart verquast aus, kicherte sich ein arroganter Deutscher in etwa halbtot.

Endlos Schwulst

Sätze, die man nicht vergißt: »Der Beifall war ein nicht enden wollender«, »Der Ausflug nach Staffelstein war ein uns beeindruckender, der Dank an die Organisatoren ist ein herzlicher« und »Der Beinbruch war ein komplizierter«. Beinbruch hin, Stilbruch her – nachtrabendes Adjektiv (beziehungsweise Partizip) ist meist schwülstig und von Übel.

Nichts gegen poetische Kunstgriffe! »Ans Vaterland, ans teure, schließ dich an …« Schiller hatte gute Gründe, Versmaß und Wohlklang im Auge und im Ohr zu haben, aber für den Hausgebrauch setze ich auf »Der Tag war lang« gegen »Der Tag war ein langer«, »Das Problem ist vielschichtig« gegen »Das Problem ist ein vielschichtiges« und »Der Konflikt darf nicht unterschätzt werden« gegen »Der Konflikt ist ein nicht zu unterschätzender«. Andererseits ist es mir egal, ob Sie urteilen »Dies ist eine hervorragende Glosse« oder »Diese Glosse ist eine hervorragende!«

Vorführeffekt

Jeder weiß, was eine Vorführung ist und daß Vorgeführtes nach des Wortes ursprünglicher Bedeutung keinesfalls von vornherein und zwangsläufig mit Demütigung, Bloßstellung und Schmach verbunden ist. Anders beim Fußball. Des Reporters unheilvoller Satz »Bochum wurde in der zweiten Halbzeit regelrecht vorgeführt!« ist ein moralischer Platzverweis für die »vorgeführten« Schlumpschützen aus dem Ruhrpott. Wer mannschaftssportlich »vorgeführt« wird, sollte aus Reiffs, Wontorras oder Rubenbauers Verdikt die einzig ehrenwerte Konsequenz ziehen: sich kollektiv auf den Fußballrasen werfen, das Haupt mit Asche bestreuen und sowohl beim Schiedsrichter als auch beim Publikum schluchzend um Gnade winseln. Der geneigte Leser hat erkannt: Wer im Sinne des Fußballreporter-Jargons vorgeführt wird, der wird ausgetrickst, aus den Angeln gehoben, zur Minna gemacht, in

Stücke gerissen, eben »vorgeführt«. Schade, daß sich dieses Fußballschlagwort noch nicht branchenübergreifend durchgesetzt hat. Ein vorgeführter Angeklagter hört sich schließlich harmloser an als ein verurteilter. Ein vorgeführter Schüler klingt besser als ein sitzengebliebener, und ein vorgeführter Liebhaber kommt sich womöglich weniger erniedrigt vor als ein abgeblitzter.

Kindisch

Adventisten-Pfarrer Werner Jelinek glaubte, wie er mir fernmündlich verriet, seinen Augen nicht zu trauen, als ihm auf einem Fragebogen »bekinderte Ehepaare« begegneten. Nun ja: Wer ein Haus hat, ist behaust. Wer viele Jahre (auf dem Buckel) hat, ist bejahrt. Aber bekindert? (Exkurs: Überhaupt Kinder! Was ist das? Müßte nicht vielmehr von Kids die Rede sein, also von bekidsten Ehepaaren?) Nun: Bin ich betantet, wenn ich eine Tante, beenkelt, weil ich Enkel, und beanwaltet, sofern ich einen Anwalt habe? Ich zögere, mich mit einer ins Kraut schießenden Neuwort-Epidemie nach erwähntem Kindheitsmuster (kein Christa-Wolf-Plagiat!) abzufinden. Vor allem hüte ich mich, dem mir befreundeten Schäfer Gustav M. die Irritationen des Pastors Jelinek mitzuteilen. Gustav käme bei Ausfüllung seines nächsten Quartals-Schafherde-Hüteberichts womöglich auf die Idee, zwei Sorten Schafseltern getrennt zu notieren: unbelämmerte und belämmerte.

Erkanntermaßen

In einer Reportage aus Grosny entschlüpfte Tschetschenien-Korrespondent Dirk Sager der Satz: »Die Ursachen ... sind ... nicht erkenntlich.« Nun kann sich zwar beispielsweise ein Jubilar (so wie es Erwin Geschonneck anläßlich seines 88. Geburtstages tat) bei seinen 250 Gratulanten u.a. mit 70 Kilo Hackepeter und fünf Hektolitern Bier erkenntlich zeigen, aber Ursachen einer kriegerischen Auseinandersetzung sind mitnichten erkenntlich, sondern allenfalls erkennbar. »Grüßen Sie bitte Ihre Gattin von mir unkenntlicher Weise!« Nein, zu so einer Blödfloskel hat sich bislang noch kein mir kenntlicher – äh, bekannter Zeitgenosse (auch kein Parlamentarier, geschweige denn Journalist) verstiegen. Aber weil Anzeichen von Sprachqualifizierung vorläufig nicht erkennbar sind (bei Sager »erkenntlich«), müssen wir wohl oder übel auf das Fortleben alter Bekannter gefaßt sein.

Be-gotterie

Geben ist seliger als Nehmen. Noch hörte ich keinen sagen oder schreiben: Geben ist seliger als Benehmen. Aber die weitverbreitete Neigung, allen möglichen Wörtern das Präfix be- vorzuspannen, läßt mich Schlimmstes fürchten (also befürchten). Bis zum heutigen Tag hält sich die Be-pidemie in Grenzen, denn es wird allgemein anerkannt, daß kommen und bekommen, reiten und bereiten, halten und behalten, raten und beraten, reifen und bereifen einen offenkundig unterschiedlichen Sinn haben. Aber bei nicht wenig Wörtern triumphiert der be-Vorspann: anbelangt wird anlangt, atemberaubend atemraubend, bezahlen (beim Ober) zahlen, belobigen loben vorgezogen. Und gar: Wäre es nicht besser, die Ausbildung eines Angestellten einfach zu fördern statt zu befördern? Gewiß, zur Lutherzeit stand die Beförderung für Förderung. Doch heutzutage sollte Beförderung auf das beschränkt bleiben, wozu sie aktuell benötigt wird: auf Transport.

Wortstapelei

Der von Georg Justus in der Greizer Brückenstraße eröffnete Frisörladen »Haarstudio 2000« hat auf den ersten Blick einen manierierten Namen, indes kann sich ein Damen- und Herrensalon mit zehn Bedienplätzen durchaus angemessen Studio (Künstlerwerkstatt) nennen. Weniger einleuchtend sind (meist fremdwörtliche) Bezeichnungen für Handels- und Dienstleistungsbetriebe, die dem Kunden gigantische Di-

mensionen vorgaukeln. Unmut nagt an meinem Sprechzentrum (Grammar Center), wenn ich von Shop zu Store, von Boutique zu Branch, von Office zu Agency und von Studio zu Center spießrutenlaufe, ohne fündig zu werden. Erst vorige Woche stöberte ich ein sogenanntes Marketing Center auf, das sich nicht im mindesten im Zentrum Berlins befand, sondern in Gestalt einer kargen Steinbaracke an der Hauptstadt-Peripherie just dort, wo sich Fuchs und Hase nicht etwa gute Nacht, sondern angloamerikanisch good night sagen.

Scheingefecht

Der Mehrheit des sprechenden und schreibenden Volkes ist zweifellos bewußt, daß scheinbar und anscheinend nicht sinngleich sind. Viele Menschen halten jedoch den Unterschied für eine nicht wortadellawerte Bagatelle. Besonders diejenigen, die beide Wörter lebenslang als nur nuanciert unterschiedlich betrachtet und eher willkürlich als überlegt verwendet haben, mögen von meiner Behauptung schockiert sein: Scheinbar ist ziemlich genau das Gegenteil von anscheinend. Ein scheinbarer Kranker ist ein Simulant, also kein wirklicher Patient. Ein Mensch hingegen, der anscheinend krank ist, muß als wahrscheinlich oder höchstwahrscheinlich oder tatsächlich krank gelten. Eine berechnende Dame wird einen Millionär nur scheinbar, eine ehrlich verliebte Frau den Millionär womöglich anscheinend, also wahrscheinlich oder ganz bestimmt aus Liebe heiraten. Wer es noch nicht geschafft hat, mag die Faustregel beherzigen: Anscheinend ist richtig, wenn wir es durch wahrscheinlich ersetzen können. Scheinbar hingegen muß es heißen, wenn auch »nur scheinbar« zutreffend wäre. Sie haben mich anscheinend verstanden. Wenn Ihnen freilich scheinbar ein Licht aufgegangen ist, haben Sie diesen Artikel nur scheinbar verstanden, grob gesagt: nicht.

Schnäppchen

Neulich überraschte mich Ingvelde mit fünf Kilogramm Weintrauben. »So eine Menge?« fragte ich mufflig. »Sie waren so preiswert!« jauchzte Ingvelde. »Woher weißt du das?« grollte ich gewittrig. »Woher ich das weiß?« giftete Ingvelde. »Sie haben nur zwölf Mark fünfzig gekostet, das ist doch ...«

– »Das ist doch was ganz anderes, Ingvelde«, dozierte ich sarkastisch. »Du hast gesagt: Die Weintrauben seien preiswert gewesen. Und nun erfahre ich: Sie waren preisgünstig! Ob sie tatsächlich preiswert waren, wird sich herausstellen, wenn wir uns über sie hermachen und ihre Qualität mit Zunge und Gaumen testen!« – »Wortklauberei!« nörgelte Ingvelde. »Für mich ist alles preiswert, was wenig Geld kostet, und ...« – »Nun laß uns kosten, Ingvelde«, lud ich zum Imbiß. »Pfui! Essigsauer!« heulte und spuckte Ingvelde nach erster flüchtiger Weinprobe. »Also doch nicht preiswert!« trumpfte ich auf. »Aber preisgünstig allemal, du Geistesblitzlicht!« zürnte Ingvelde. »Weingeistesblitzlicht!« korrigierte ich weingeistreich. Dann delektierten wir uns weinend am billigen Wein.

Nachtragend

Im Band 17 der Duden-Sonderreihe geht es um »leicht verwechselbare Wörter«. Beim Studium des Taschenbuchs kann man viel lernen, zum Beispiel Unterschiede und Nuancen von *STREITBAR*, *STRITTIG*, *UMSTRITTEN*, *STREITIG* und *STREITSÜCHTIG* oder etwa die exakte Bedeutung der zur Wortfamilie

KÜNSTLICH, KÜNSTLERISCH, KUNSTVOLL, KUNSTGERECHT, GEKÜNSTELT gehörenden Vokabeln. Ich fand in diesem Buch auch einen Hinweis auf die Unterschiedlichkeit der Bezeichnung für eine Zeitspanne und eine in regelmäßigen Abständen zeitliche Wiederholung. Also: Vierzehntägige Kreuzfahrt (dauert zwei Wochen) oder vierzehntäglicher Sonntagsfrühschoppen (findet an jedem zweiten Sonntag statt). Im Band 17 fand ich leider nicht die oft gehörte sinnwidrige Verwendung von *NACHTRÄGLICHKEIT*. Aus dem Mund meiner Nachbarin hörte ich den Satz »Der Otto ist wie ein Elefant. Er vergißt nichts. Er ist unerhört nachträglich!«
Nachtrag: Seien Sie nicht nachtragend, wenn ich Sie als Vortragender kritisiert habe!

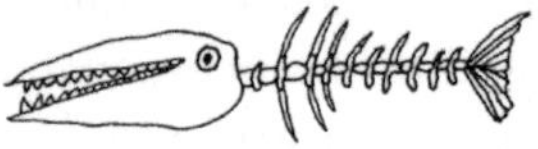

Zumutung

Das Drehbuch zur Verfilmung (mit Hildegard Knef und Carl Raddatz) des Romans »Jeder stirbt für sich allein« stand textlich nicht auf Fallada-Niveau. Wie sonst wäre es möglich gewesen, daß der Gestapo-Schinder seinem Opfer Otto Quangel triumphierend ins Gesicht schreit: »Da sehen Sie! Ihre Postkartenaktion hat nichts bezweckt!« Mir ist unbegreiflich, warum bezwecken und bewirken immer wieder verwechselt werden. Ich erinnere mich an die Aussage eines Mitschülers zu meiner Schulzeit: »Ich habe mich angestrengt, das Sportabzeichen zu schaffen, aber nichts bezweckt!« Ein anderes oft verwechseltes Pärchen ist *ZUTRAUEN* und *ZUMUTEN*. »Na, warum hat sich denn Erna noch nicht als Fahrschülerin angemeldet?« – »Sie hat Angst vorm Straßenverkehr und mutet sich nicht zu, ein Auto zu beherrschen!« Wer die feinen oder groben Unterschiede von *BEZWECKEN-BEWIRKEN* und *ZUTRAUEN-ZUMUTEN* nicht fühlt, möge sich auf Sätze konzentrieren, die alternativ möglich sind, z.B.: »Diese Glosse soll bezwecken oder bewirken, daß Sie sich sprachliche Horizonterweiterung sowohl zumuten als auch zutrauen.«

Mehrheitsvotum

Wenn ich jemanden sagen höre, die Mehrzahl der Kleingärtner habe sich für Otto Schulze als Vorsitzenden entschieden, oder die Mehrzahl der Rostbratwürste sei wegen des Sauwetters nicht verkauft worden, oder die Mehrzahl der Urlaubsfotos sei ein Schuß in den Ofen gewesen, möchte ich salopp und frei nach Bert Brecht kommentieren: »Nun, das also ist die Mehrzahl, wie aber steht's um die Einzahl?« Meiner weitschweifigen Worte hintergründiger Sinn: *MEHRZAHL* (fremdwörtlich *PLURAL*) ist das Pendant zur *EINZAHL* (*SINGULAR*), mitnichten jedoch das unbestimmte Zahlwort für eine Menge. Dieses Zahlwort heißt schlicht *MEHRHEIT*. Sogar Nach-

richtensprecher verhältnismäßig seriöser Sendeanstalten bringen immer wieder die Mehrzahl dort ins Spiel, wo eigentlich die Mehrheit hingehört. Am widersinnigsten jedoch ist die Wendung *DIE ÜBERWIEGENDE MEHRZAHL*. Sie wird auch nicht richtiger, wenn Mehrzahl durch Mehrheit ersetzt wird, denn: Jede Mehrheit (ob eine von 50,1 oder 99,9 Prozent) ist überwiegend. Die überwiegende Mehrzahl (oder Mehrheit) ist also (wie schon öfter hervorgehoben) eine Doppelmoppelfloskel. Wer die Dimension einer Mehrheit genauer beschreiben möchte, muß sich schon für eine winzige, kleine, deutliche, große oder überwältigende Mehrheit entscheiden. Andernfalls gehört er zur überwiegenden Menge deutscher Sprachfrevler.

Elftes Kapitel

GEGENREFORMATION

Ävolution

Es liegt mir fern, die RSchR (Rechtschreibreform) in Bausch und Bogen zu verteufeln, aber mindestens die RSchR-Anwälte der A-Ä-Metamorphose haben aus dem angestrebten seriösen Jahrhundert-Regelwerk eine Farce gemacht. Die These der Ävolutionäre: Jegliches A eines Urworts, von dem früher oder später irgendwelche Eigenschafts-, Tätigkeits- und andere Wörter abgeleitet wurden, haben zum Ä zu mutieren. Beispielsweise dürfe die Schenke nun fortan nicht mehr Schenke, sondern müsse als Ausschank-Derivat Schänke heißen. Diese krause Philosophie hat uns nun wieder ins neunzehnte Jahrhundert zurückgeworfen. Zu Bismarcks Zeiten gab es nur Schänken. Doch die Reformer zu Beginn des zwanzigsten Jahrhunderts (1902) mochten nicht einsehen, daß wer A sagt auch Ä sagen müsse, und wir Zecher haben uns fast hundert Jahre lang trotz abstammungsphilologischen Verstoßes in E-Schenken wohlgefühlt. Dem möglichen Einwand, die aktuell verordnete Ävolution sei gar nicht so übel, widerspreche ich dreifach. Erstens: Die Reformwörter Schänke, Gämse (von Gams), Stängel (von Stange), überschwänglich (von Überschwang), Quäntchen (von Quantum), behände (von Hand) usw. sind schriftsprachlich in West-, Süd- und Osteuropa weniger populär als E-Wörter, denn der Ä-Umlaut ist eine deutschskandinavische Extrawurst. Zweitens: Der Lautwert hat sich bei den o. a. Vokabeln nicht verändert. Drittens: Die Ävolution ist willkürlich. Inkonsequenz ist die Mutter der A-Ä-Metarmorphose. Bei konsequenter Durchsetzung des etymologischen Prinzips wären noch zu reformieren:

Rättich (von Radi)
Ängel (stammesverwandt mit angelos, Angelika usw.)
aufgewäckt, Wäcker, wäcken (wach sein, erwachen, wachsam)
mässen (von Maß)
gähen (von Gang)
Hänne (hat was mit dem Hahn zu tun)
dänken (von Gedanke)
käntern (das über den Kanten kippende Boot)
sprächen (von Sprache)
däcken (von Dach)
frässen (von Fraß)
nännen (von Name)
verwägen (von Wagnis, Wagemut)
kännen (von Bekanntschaft)
Ältern (von den Alten)

Die Liste ist unvollständig. Wir können von Glück sagen, an Ältern und Großältern vorbeigeschrammt zu sein. Manchmal stelle ich mir vor, Wustmann und Duden wären Zeitzeugen dieser närrischen Ävolution. Nicht auszudänken!

Kwaxalber

Mit dem Q haben sich die Reformer offenkundig versöhnen können. Ich weiß, daß ich mir Feinde mache, bekenne jedoch nichtsdestoweniger: Ich könnte mit Kwark, Kwalle, Kwarz, Kwatsch, Kwelle, Kwirl und Kwitte leben. Den Q-Fans blieben auch bei kräftiger Q-Reduzierung noch genügend Q-Lehn- und Fremdwörter sowie Geographismen und Familiennamen: Queensland, Quakenbrück, Quedlinburg, Quito, Quadrat, Qualifizierung, Quarantäne, Don Quichotte, Quinta, Querulant, der Quadflieg und der Quermann. Beim Umgang mit dem X fühle ich umgekehrt: Fuchs und Klecks und die vielen anderen Wörter mit chs und cks – also, könnte man das Nebeneinander klanggleicher Buchstaben und Buchstabengruppen nicht zu einem ehrlichen alleinherrschenden X zusammenfassen? Ich plädiere für: Wildwexel, Saxen, Büxe, Wax, Deixel, Häxel, Weixelkirschen, Räucherlax, Gewäxe, Drexler, Buxbaum und – Krönung meiner Reform-Visionen – Kwaxalber.

Vom Kuß zum Kuss

Die Reformer: »Folgt einem betonten kurzen Vokal ein stimmloser S-Laut, schreibt man ss« und »Folgt einem betonten langen Vokal oder einem Diphtong ein stimmloser S-Laut, schreibt man ß«. In der Praxis – und für diese Regelung empfinde ich Sympathie – wird der Kuß zum Kuss, daß zu dass, der Biß zum Biss, das Faß zum Fass. Weil man freilich die englische Miß nicht normativ deutsch zur Miss machen kann, gäbe es hinsichtlich ihrer Bedeutung bei den Wörtern Mißwahl und Misswirtschaft künftig keine Missverständnisse mehr. Auch könnten wir ab 1998 Rußland nur noch als Synonym für eine verrußte Region (Böhlen? Most?) begreifen, weil wir das Riesenreich zwischen Bug und Beringmeer dann regelrecht »Russland« schreiben müssen.

Semikollision

Das Kolon kommt aus dem Griechischen und bedeutet sprachwissenschaftlich Doppelpunkt. Wenn wir die Sprachwissenschaft beiseite lassen, läßt sich Kolon als Grimmdarm, ein Teil des Dickdarms, begreifen. Messerscharf schließe ich aus diesem Sachverhalt, daß wir es beim Semikolon mit einem Blinddarm zu tun haben. Jedenfalls lassen meine Begegnungen mit jenem interpunktionellen Ungetüm eine solche Vermutung aufkommen. Das Semikolon ist ein rudimentäres Organ, es ist nötig wie Kropf und Buckel, es ist ein Kompromißgeschick, mehr Fußangelpunkt als Strichpunkt, eine Art entschiedenen Jeins. Schade, daß an eine Abschaffung des Semikolons nicht gedacht ist, weil nicht daran gedacht wurde. Dabei wäre Strichpunkt-Liquidation eine Maßnahme, die angesichts der geplanten vernünftigen Komma-Neuregelung gut in die Sprachlandschaft paßt.

Rau(h)e Sitten

Das Känguruh verkümmert zum Känguru. Die Alb, früher rauh, reduziert sich auf rau. Schön und gut. Aber wo bleibt die Konsequenz? Ich könnte mich auch an Milchku und Handschu gewöhnen. Und warum H-Tilgung nicht auch bei Borstenvie, Hirschgewei, Kostümverlei, Haferstro, Wasserflo und schadenfro? Worauf will ich hinaus? Rechtschreibreform ist gut, Rechtschreibrevolution wäre besser!

Großdeutsch

Schnöde Kleinschreibung (auch der Substantive/Hauptwörter/Dingwörter) gibt es weltweit. Nur nicht in deutschsprachigen Landen. Und die Anwälte der spezifisch deutschen Groß- und Kleinschreibung bestehen auf Konservierung dieser Extrawurst. Die Rechtschreibreform gibt den Großarti-

gen Auftrieb: Es bleibt bei der deutschkonservativen Groß-und-Kleinschreibung – sogar mit einer zunehmenden Tendenz großgeschriebener Wörter: So schreibt man künftig: außer Acht lassen, Ade sagen, Ähnliches, im Allgemeinen, am Alten hängen, jemandem Angst und Bange machen, im Argen liegen, Arm und Reich, aufs Äußerste. Statt »heute abend« (aktuell) heißt es »heute Abend« (demnächst), statt (noch) »im großen und ganzen« – »im Großen und Ganzen«. Kleiner Trost für Kleinschreib-Liebhaber. Auch in Briefen werden Du, Dein, Dich, Dir usw. künftig klein geschrieben.

Komma rüber!

Es gibt beim Umgang mit dem Englischen nicht nur eine Englische Krankheit, sondern ganz im Gegenteil auch ein vorzügliches englisches Medikament: den liberalen Umgang mit dem Komma. Die Engländer setzen, worum man sie beneiden darf, Kommas nicht nach starren Regeln, sondern nach dem Gefühl. Nun haben die Deutsch-Interpunktionsreformer die bisher gültigen zirka fünfundfünzig Kommaregeln auf nur noch höchstens zehn reduziert. Solch mutige Anglisierung lasse ich mir gern gefallen: English Waltz gegen deutsche Interpunktions-Eiertänze. Generationen von Unter-, Mittel- und Oberklassenpennälern hatten unter Zeichensetzungs-Paragraphen zu leiden. Empfänger von Liebesbriefen konnten aus dem Schriftbild zwar Schlüsse ziehen hinsichtlich der Regelwerk-Beherrschung des Schreibers, aber Emotionen waren aus der Zeichensetzung nicht abzulesen. Zukünftig nun wird die Plazierung des Kommas einen Blick in die Gefühlswelt des Brief-Absenders gestatten.

Eszet

Die Sprach- und Schreibreform läßt keine Tilgung eines Buchstabendefizits erkennen: Nach wie vor scheint die Einführung eines großbuchstabigen ß nicht ins Auge gefaßt zu sein. Bei Versalien müssen wir also nach wie vor statt eines (nicht vorhandenen) großen ß mit einem doppelten S vorlieb nehmen. Wir haben also weiterhin zu rätseln, ob es sich bei *MASSE* um Masse oder Maße handelt, ob *BUSSE* auf Sühne oder auf vielsitzige Straßenfahrzeuge hindeuten oder ob bei *FÜSSEN* an eine oberbayerische Stadt oder an *GLIEDMASSEN* (Gliedmaßen) zu denken ist. Hätte ich was zu sagen (aber mich fragt ja keiner), würde ich das großbuchstabige ß (wie schon früher gelegentlich praktiziert) mit dem Doppelbuchstaben SZ ins Versalien-Alphabet einrücken. Es wäre dann also zu schreiben: MASZE für Maße, BUSZE für Buße und *MIT HÄNDEN UND FÜSZEN* für ... Füßen. Eine andere Lösung des Problems macht uns die Duden-Redaktion mit dem Buchtitel *DER GROßE DUDEN* schmackhaft. Leider gibt es diesen Titel nicht mehr.

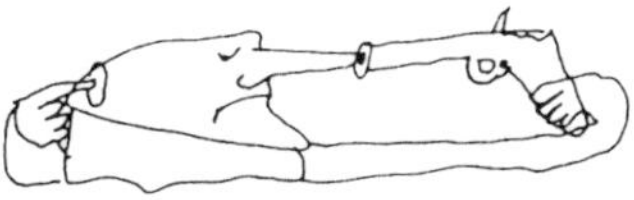

Apostroph? Doof!

Hätte ich sprach- oder besser interpunktionsreformerisch mitzureden, würde ich als erstes das Auslassungszeichen (Apostroph) in Weglassungszeichen umbenennen und danach wegzulassen verordnen. Brauchen wir den Apostroph? Nur ganz selten: erstens als Gänsefüßchen-Ersatz bei Wörtern oder Sätzen, die innerhalb gänsefüßiger Sätze nochmals der Anführungszeichen bedürfen, und zweitens bei wenigen Zusammenziehungen: bei ob's, wie's oder wo's etwa. Insofern ist der Apostroph gerade noch hinnehmbar. Aber sonst? Apostrophe sind regelwidrig bei Verhältniswörtern plus S. Wir schreiben: fürs, aufs, ins, ums, ans, durchs usw. Apostrophe sind auch falsch bei verkürzten Befehlsformen. Richtig:

Geh, leg, steh, leb, hab, ruf, gib, flieg usw. Schließlich hat der Apostroph bei deutschen Genitiven nichts zu suchen. Stets ohne Apostroph: Schulzes Bäckerei, Papas neue Freundin, Gerdas Liebeskummer, Kohls blühende Landschaften und Stengels Wortadella. Und solche monströs-apokatastrophalen Auslassungszeichen sind mir in Zeitungen und auf Plakaten begegnet: nicht's, Auto's, link's, Scheck's, See'n, Wah'n-Sinn!
Mal ein kleines Examen! Welche der folgenden Apostrophe sind richtig? Auf die Plätze, fertig, los: Genug für's erste, komm' mich am Mittwoch besuchen, stoß' nicht in's Horn, Goethe's Werke, fahr' nicht zu schnell, steh' endlich auf, jetzt fahr'n wir über'n See, über'n See, leg' einen Zahn zu, hol' dich der Teufel, Oma's Küche, Ringelnatz' Gedichte, red' nicht so viel, Beethoven's Neunte, freu' dich auf's nächste Mal, Schmidt's Autowerkstatt, mach' mal Pause, trink' Coca Cola, Opfer des Straßenverkehr's, kriech' unter's Bett ...
Mit zwei Ausnahmen (fahr'n und Ringelnatz' Gedichte) sind sämtliche Apostrophe überflüssig, unsinnig und regelwidrig oder stehen im Verdacht, den Scheitel der Lächerlichkeit zu streifen. Es ist viel zu tun – packen wir's (Apostroph hier korrekt) an!

Tschuus?

Nicht gerade für zwingend notwendig, aber immerhin für diskutabel oder wenigstens amüsant hätte ich die RSchR gehalten, wenn sich diejenigen Reformer durchgesetzt hätten, die für eine weitgehend buchstäbliche Verdeutschung (überwiegend) angloamerikanischer Fremdwörter plädierten. Aber die deutschen Kultusminister wischten so interessante

Offerten einstimmig vom Tisch: Schentelmänn-Egriement, Laastminit, okee, Sändwitsch, Torkschoo, Änterteener. Seufzend werden wir also auch zukünftig in Gaststätten als Highlights Grapefruit Juice statt in Restorangs als Heileits Greepfruhttschuus, geschweige denn in Gaststätten als Gaumenkitzel Pampelmusensaft schlürfen müssen.

ISBN 3-359-00886-3

4. Auflage

Rosa-Luxemburg-Str. 39, 10178 Berlin
Umschlagentwurf: Jens Prockat, unter
Verwendung von Vignetten von Rolf F. Müller
Gesamtherstellung:
Freiburger Graphische Betriebe, Freiburg